财富圈

从第一桶金到身价过亿的秘密

CAIFUQUAN

凌洛妍——编著

台海出版社

图书在版编目（CIP）数据

财富圈：从第一桶金到身家过亿的秘密 / 凌洛妍编著 .
- 北京：台海出版社 . 2011.5（2024.10 重印）

ISBN 978-7-80141-800-5

Ⅰ . ①财… Ⅱ . ①凌… Ⅲ . ①商业经营 - 通俗读物
Ⅳ . ① F715-49

中国版本图书馆 CIP 数据核字（2011）第 072080 号

财富圈：从第一桶金到身家过亿的秘密

编　　著：凌洛妍

责任编辑：姜　航

出版发行：台海出版社

地　　址：北京市东城区景山东街 20 号　　　　邮政编码：100009

电　　话：010-64041652（发行，邮购）

传　　真：010-84045799（总编室）

网　　址：www.taimeng.org.cn/thcbs/default.htm

E - mail：thcbs@126.com

经　　销：全国各地新华书店

印　　刷：晟德（天津）印刷有限公司

本书如有破损、缺页、装订错误，请与本社联系调换

开　　本：710 毫米×1000 毫米　　　1/16

字　　数：140 千字　　　　　　　印　　张：14

版　　次：2011 年 5 月第 1 版　　　印　　次：2024 年 10 月第 2 次印刷

书　　号：ISBN 978-7-80141-800-5

定　　价：49.80 元

目 录 CONTENTS

1

财富秘密第七则

序
穷人和富人的区别——财富圈的马太定律

何为穷人？何为富人？穷人和富人的区别到底在哪里？

我们先来看一下百科名片上关于这两个词的定义：穷人——没有钱的人；富人——物质资源富有的人群，衣食住行条件相对优越，不为基本生活需要而忙碌奔波。我们在这里给它们下一个新的定义：穷人——没有参透财富秘密，也没去敲财富之门的人；富人——发现财富之门虚掩着的人。如果一个穷人突然去敲了财富之门，他会发现，自己和进了门的人并没有千里之隔。

财富圈的马太效应

【定律解释】

马太效应指强者愈强、弱者愈弱的现象，广泛应用于社会心理学、教育、金融，以及科学等众多领域。其名字来自圣经《新约·马太福音》中的一则寓言："凡有的，还要加给他叫他多余；没有的，连他所有的也要夺过来。""马太效应"与"平衡之道"相悖，与"二八定律"有相类之处，是十分重要的自然法则。

 【财富解密】

马太效应在解密富人和穷人的差别时，有异曲同工之妙，不同的是，二八定律更倾向于说明现象，而马太福音更倾向于解释现象。贫富差距会产生"马太效应"。在股市楼市狂潮中，最赚的总是庄家，最赔的总是散户。于是，如不加以调节，普通大众的金钱，就会通过这种形态聚集到少数人群手中，进一步加剧贫富分化。另外，由于富者通常会享受到更好的教育和发展机会，而穷者则会由于经济原因，比富者更乏发展机遇，这也会导致富者越富，穷者越穷的"马太效应"。

那作为一个穷人，该怎样更好地规避马太效应呢？马太效应来源于贫富的差距和富人、穷人占有财富的不同而享受不同的教育机会，导致穷者愈穷，富者愈富。富人像滚雪球一样把穷人的财富滚走，同样，穷人也可以像滚雪球把富人的财富滚回来，以彼之道还施彼身。

【财富箴言】

人生如滚雪球，最重要之事是发现雪和长长的山坡。

——巴菲特

编者：如果你被"马太效应"了怎么办？

财富秘密

第一则

富豪们，他们惊人的财富从何而来

本章导读： 一个国家的繁荣昌盛，需要藏富于民，然而我们不可能每个人都能参透财富的秘密，去敲开财富之门，但是每个人都希望自己能够致富。所以，财富秘密第一则就希望帮助那些雄心勃勃渴望致富的人们能够参透财富圈的秘密，帮助他们来解读富豪们的财富人生，从他们的成功历程中获得经验和启发，帮助这些雄心勃勃渴望致富的人们能够赚取金钱、保存金钱，及利用金钱赚取更多的财富。

1. 微软帝国——盖茨的惊人财富从何累积

微软帝国的创始人比尔·盖茨是目前世界上最富有的人之一，他的资产逾千亿，被美国人誉为"坐在世界巅峰的人"。如果说微软是一个巨大的商业帝国的话，那么比尔·盖茨俨然就是这个帝国的酋长。这样的一个帝国和这样的一个酋长通过技术和数字在全球范围内一步步地编织着它的帝国版图，并通过数字和技术影响和改变着整个世界。

比尔·盖茨自小头脑灵活，18 岁时考上美国哈佛大学。但是盖茨在哈佛仅仅就读了两年，两年以后，盖茨没有完成学业就申请退学，其中原因有二：一是学校的知识已经不能能够再满足他；二是他敏锐地洞察到个人电脑在未来所拥有的广阔前景。于是，在 1975 年，他与中学的校友保罗·艾伦以为数不多的 1000 美元共同创办了微软公司。那时候的比尔·盖茨只是一个 20 岁的年轻人。

1981 年，比尔·盖茨和保罗·艾伦为国际商用机器公司 (IBM) 设计个人电脑的操作系统磁盘软件获得成功。这就是我们常常谈起的 DOS 命令。也正是从那时候起，微软公司开始迅速走向成功。

微软公司创业之初，只有 40 多名员工。到 1996 年时，微软的员工已经发展到 1.6 万名，资产近 200 亿美元。令诸多成功人士艳羡的是，拥有 1.6 万名员工的微软，营业额却可以同拥有 30 万职工的 IBM 公司相媲美。在个人电脑的 6 种主要软件中，微软公司在其中的 4 种中独领风骚；在 6 种专业软件中，微软公司都显示出咄咄逼人的实力。同样到 1996 年，微软公司控制了 84% 的操作系统软件市场，它开发的 MS-DOS 磁盘作为软件安装在 1.2 亿台电脑上，它开发的 WINDOWS(窗口操作系统) 可用于 25 种语言，用户超过 6000 万。

比尔·盖茨是一个雄心勃勃的人，他的梦想是让所有的人都能从他的成功中受益。当标志着第二次信息革命开始的"信息高速公路"出现时，它立即站在了这股新浪潮的最前端。微软公司投资 4000 万美元同移动电讯技术公司合资建立了世界无线通信联网系统，以庞大的信息传递网络服务于世界。1995 年 3 月，比尔·盖茨与另一位亿万富翁、美国最大的移动电话公司创始人克雷格·麦考宣布了新的合作项目：在全球建立移动通讯网。这一项目的总投资达 90 亿美元。比尔·盖茨说，他要用电脑和信息高速公路解放世界。在 IT 软件行业流传着这样一句告诫："永远不要去做微软想做的事情。"可见，微软的巨大潜力已经渗透到了软件界的方方面面，简直是无孔不入，而且是所向披靡。

比尔·盖茨和微软帝国一路走来，凭借自身高科技力量的原动力，乘风险投资之风，以资本市场为翼，攻城略地，驰骋千里，尽显风流。

【财富解密】靠实力拥有财富

对于微软，人们看到的大多只是它的公司和产品的品牌；对于财富，人们往往也只是看到比尔·盖茨个人所持有的微软近 20% 的股份——总市值达到近 1000 亿美元（相当于欧洲一个小国的全部国民生产总值，是伊拉克国民经济总量的两倍），却很少看到微软的成功或者说盖茨成功背后的立身之本——技术。而真正实现了微软的不断扩张的是盖茨的商业头脑——一个懂技术和技术应用发展方向的头脑——精通本行业的核心技术，看准技术应用发展方向，准确把握市场需求，比对手先行一步，快速累积财富。

比尔·盖茨创办微软的成功，表明了知识是创造财富的一种重要的资源，特别是信息高速公路联网后，知识对财富增长的贡献率将提高到 90% 以上，以知识作为主要生产资源的企业，比如微软、英特尔、IBM 等信息产业企业，其生产总值已经超过通用、福特和克莱斯勒等企业，成为信息时代的主导型产业。微软帝国并非第一家把知识作为生产资源的企业，但微软却是把知识资源利用艺术发挥到极致的企业——利用知识生产财富，正是盖茨惊人财富的累积之秘。

微软公司把重视人才的管理理念视为公司的核心财富。在信息时代里，人才的价值尤为重要。信息时代里，一个高级程序员和一个普通程序员的效率差异可能高达 10 倍。微软所处的竞争领域的科技在快速变化，微软的关键战略之一就是发掘那些懂得技术与商业的精明的人，并且能够让他们为自己所用——人才是一个公司的核心竞争力，拥有人才就代表拥有实力，拥有未来的发展。

【财富箴言】

社会充满不公平现象，你先不要想去改造它，只能先适应它。

——比尔·盖茨

编者：信息时代，知识是最大的财富，把知识作为创造财富的资源，用知识整合资本，每个人都可以成为第二个比尔·盖茨。

2. 阿里巴巴——"狂人"马云的成功秘诀

在《一千零一夜》的故事里，阿里巴巴对着山门喊"芝麻开门"，然后他得到了强盗们所有的财富。在中国，阿里巴巴的创始人马云在 2007 年 11 月 6 日，对着香港的股市喊"IPO"，于是他得到了投资者 15 亿美元的追捧！

马云在 1997 年才成立阿里巴巴（Alibaba），发展到现在，阿里巴巴已经是中国最大的网络公司和世界第二大网络公司。阿里巴巴于 2007 年 11 月 6 日在港交市场挂牌上市，那天是互联网造富运动登峰造极的一天。IT 公司上市曾经造就了当年中国首富丁磊和陈天桥；腾讯上市，创造了 5 个亿万富翁和 7 个千万富翁；百度上市，创造了 8 个亿万富翁和 50 个千万富翁，240 名百万富翁；而阿里巴巴此次上市，诞生了近 1000 名百万富翁，创造了中国互联网有史以来最大的富人帮。阿里巴巴此次融资近 15 亿美元，成为近几年来全球最高的一次互联网融资，而其市值将达到 682.07 亿港元（约合 88 亿美元）。

每个成功的男人身后都有一个成功的女性，阿里巴巴成功的背后，却有一个成功的"狂人"马云。马云是何许人也？让我们先看看他的几句狂言：

· 我就是打着望远镜也找不到竞争对手。

· 用显微镜找自己的缺陷。

· 与众不同不是我做出来的，而是我的本能。

让我们再看看他的简历，看看他是否有说狂语的资本：

· 1989 年，马云被分配到杭州电子工业学院当英语教师，他在这所学校里待了整整 6 年。

· 1994 年，30 岁的马云，第一次从学校外教比尔那里，听到"互联网"这个东西。

· 1994 年—1997 年，马云经历了无数艰辛、苦难、挫折和失败，又迎来了北上失败、合资的失败。

· 1997 年 11 月，再次带领 8 人团队二次北上，加盟外经贸部所属的中国国际电子商务中心（EDI）。

· 1999 年年底，因不愿被"招安"，马云带领团队 8 人，放弃高薪离开北京，二次回到杭州，开始创办阿里巴巴。这一年，网络大潮席卷全球，新浪、搜狐、网易一路高歌猛进，曾是中国网络第一人的马云，起了大早却赶了个晚集，仍需从头再来，一无所有。

· 1999 年 2 月 21 日，第一次员工大会，创始人 18 人参加，经过激烈的讨论，确立了 B2B 的战略方向。

· 1999 年 9 月，经过 6 个月的封闭开发，阿里巴巴网站横空出世，成为世界上最好的 B2B 网站之一。

· 1999 年 6 月，阿里巴巴的关键人物蔡崇信加盟，为今后阿里巴巴的融资、上市奠定了基础。

·1999 年 10 月 26 日，因蔡崇庆引荐、操作，引入第一笔 500 万美元的风投。

·2000 年 1 月，孙正义的软银带来第二笔 2000 万美元风投，帮助阿里巴巴拓展全球业务。

·2000 年 3 月，阿里巴巴搬入华星大厦，标志着湖畔时代结束，华星时代开始。

·2001 年年初，由于盲目扩张和空降高端人才，缺乏有效的盈利模式，公司面临资金链断裂的风险，宣布进入危机的严冬。

·2001 年 1 月，马云召开阿里巴巴的"遵义会议"，确立三个"BTOC"的战略决定：Back To China（回到中国），Back To Coast（回到沿海），Back To Center（回到中心）。

·2002 年至今，阿里巴巴明确了中国供应商、支付宝、诚信通等产品定位，缔造出一支传奇销售团队，实现了公司三个"每天壹佰万"目标，继而推出淘宝网决战 eBay，收购雅虎，决战搜索引擎，将公司推向上市之路……开启了一个神话时代。

马云，没有名牌大学的出身，没有海归概念，没有 MBA 资历，甚至不懂 IT，或许你会纳闷：为什么一个不懂 IT 的人会成为 IT 界的领军人物？但事实确实如此，他是中国大陆第一位登上美国权威财经杂志《福布斯》的企业家，并于 2000 年 10 月被"世界经济论坛"评为 2001 年全球 100 位"未来领袖"之一，是中国 IT 业无可争议的领军人物之一。或许你的疑惑可以从阿里巴巴人对创业之初的几个细节描述中找到答案：

·没日没夜的工作，屋子地上有一个睡袋，谁累了就钻进去睡一会儿；

·租最便宜的毛坯房，报纸糊的水泥墙，地上除了一个床垫，什么都没有；

·每天早晨打开门，有一股臭味儿出来，地上横七竖八的都是人，要小心地绕过去才行；

·为了节约电费，只开一个取暖炉，程序员一边烤手一边写程序；

·做客服做到痴迷状态，半夜 2 点答复客户的邮件，客户感到很奇怪：真有这样的人吗？

马云，他是一个不折不扣的"狂人"，在他狂语的背后是那份对理想的坚守和执着，他更是一位理想斗士。狂言正是他持久的激情、坚强的理想信守、独特的领导魅力的一种表达方式。阿里巴巴正是在他这样一位企业灵魂人物的带领下，一步步成长起来，创造了一个神话。我们应该明白，他们的成功，并不只是因为"传奇"，光环的背后，他们跟我们一样，从一穷二白，没有背景开始，经历过比我们更多的苦难，忍受过比我们更多的艰辛，犯过比我们更大的错误，面临过比我们更严酷的冬天。成功的模式虽不可复制，但他们走的这条路，我们可以借鉴得太多、太多……

【财富解密】先有"财商"，后有财富

想要拥有财富，必先要拥有"财商"，如果你想像马云一样成功的话，你必须首先拥有和他一样的"财商"。这里的"财商"包括：坚强的理想，持久的激情，开阔的商业眼界，宽广的胸怀，坚定的执行力。如果你拥有了这样的"财商"，你不想成功都难。

马云的成功，很大部分得益于他的"狂人"性格：首先，马云是一个少见的理想斗士，为了理想，他可以放下一切，从零开始，回到一穷二白；其次，他可以不懂 IT，但他可以成为一个 IT 企业灵魂人物，这是他领袖性格在财富之路上盛开，开阔的眼光，宽广的胸怀，不畏人言的自信，持久的激情等综合出来的领导力，让他逐步成长为一名 IT 界领军人物；再次，对成功的极度渴望，让他的财富梦最终心想事成。由此，我们可以用一句话总结

马云的故事：一个人是对的，他的世界就是对的。马云这样的"狂人"拥有了致富所需要的品质，所以他成功了。想致富得首先让自己拥有与自己想拥有的财富相匹配的品质，这应该是每个已经成功的企业家的起点。

【财富箴言】

阿里巴巴的"六脉神剑"就是阿里巴巴的价值观：诚信、敬业、激情、拥抱变化、团队合作、客户第一。

我永远相信只要永不放弃，我们还是有机会的。最后，我们还是坚信一点，这世界上只要有梦想，只要不断努力，只要不断学习，不管你长得如何，不管是这样，还是那样，男人的长相往往和他的才华成反比。今天很残酷，明天更残酷，后天很美好，但绝对大部分是死在明天晚上，所以每个人不要放弃今天。

如果我马云可以创业成功，那我相信全中国80%以上的年轻人都可以成功。

——马云

编者：即便是神话，也需要一步一个脚印地迈进，即便是英雄，也必须在失败中站起，我们曾面临的问题、遇到的困难、犯过的错误，阿里巴巴一样没少，甚至比我们更多，他们能走出来，我们，有什么理由不行？！

3. 长江实业——"超人"李嘉诚何以成功

为了向华人首富、爱国企业家李嘉诚致敬，我们在叙述他的故事之前特意剪辑了一段"旧闻"。

摘要：2010年9月6日，国家主席胡锦涛在出席深圳经济特区建立30

周年庆祝大会庆典之前，特别与李嘉诚会面10分钟。

虽然中国商界各种排名的首富不断产生变化，但是大家永远也忽略不了李嘉诚在中国的影响力，李嘉诚他的经历可以说是个传奇，他的财富无人能比，他是人们羡慕崇拜的偶像，曾几何时他就是中国财富的象征。他财富的背后究竟有怎样的不为人知的故事，又是一种怎样的精神支撑着他拥有现在的一片天地？

14岁投身商界，22岁正式创业，半个世纪的奋斗始终以"超越"为主题：从超越平凡起跑，为超越对手努力，达到巅峰，还要超越巅峰，于是世人称之为"超人"。李嘉诚在其创业发展路上，并购多家公司。可以说，李嘉诚创业之路就是一条并购之路。李嘉诚的并购之路同其人生经历、创业经历一样备受世人关注。

"超人"的创业之初

1928年李嘉诚出生于广东潮州，父亲是小学校长。1940年为躲避日本侵略者的压迫，全家逃难到香港。两年后，父亲病逝。为了养活母亲和三个弟妹，李嘉诚被迫辍学走上社会谋生。

开始，李嘉诚为一家玩具制造公司当推销员。虽然工作繁忙，失学的李嘉诚仍用工余之暇到夜校进修，补习文化。由于勤奋好学，精明能干，不到20岁，他便升任塑料玩具厂的总经理。两年后，李嘉诚把握时机，用平时省吃俭用积蓄的7000美元创办了自己的塑胶厂，他将它命名为"长江塑胶厂"。就这样，"超人"开始了他的创业之路。

"超人"的并购经历

长江实业的发展壮大与其兼并和收购其他公司息息相关。1974年4月，成功收购美资永高公司，接手经营香港希尔顿大酒店和印尼巴厘岛的凯悦酒店，并相继购入虎豹别墅及其他多项地皮、物业。1978年9月5日，李嘉诚从汇丰银行承接了"黄埔"公司9000万股股票，同年，还收购了英资青州英坭有限公司，出任该公司董事局主席。1979年7月，"长实"与中资侨光公司联组宜宾地产有限公司，取得沙田铁路维修站上盖发展权，并成立中国（香港）水泥厂（1982年投产）。是年9月25日，"长实"赢得和记黄埔公司控股权，并于10月15日出任"和黄"执行董事。1981年1月1日，李嘉诚出任"和黄"公司董事局主席。1997年与"首钢"联手收购香港东荣钢铁集团有限公司，收购北京长城饭店等七家大酒店，拥有51%的股权。1984年，"长江"又购入"香港电灯公司"的控制性股权。李嘉诚先生现任"长江实业集团有限公司"董事局主席兼总经理及"和记黄埔有限公司"董事局主席。其所管理的企业，于1994年除税后赢利达28亿美元。1985年，购入加拿大温哥华世界博览会商业中心，斥资百亿港元，兴建规模庞大的商用住宅群。经过不断发展壮大，李嘉诚旗下的"长实"集团及其附属公司，现已发展成为在香港以至世界具有领导地位的地产、国际集装箱货柜码头业和投资发展的举足轻重的集团公司。市值已超过2700亿港元。业务经营范围包括地产发展、金融、贸易、货柜码头、运输业、能源、电力、通讯、卫星广播、酒店业、零售业等。

"超人"的荣誉和爱国心

2001年，《星期日泰晤士报》发表全球50大富豪榜排名榜，上榜的华裔人士只有3名，且全为香港富豪，其中排名最高的是第23位的长江实业主席李嘉诚，李嘉诚并被评为全球最有钱的华裔富商。由美国《商业周刊》编辑部180余位资深编辑及其全球各地24位记者评选的"2000年度25位最佳经理人"，李嘉诚成为全球唯一入选的华人企业家，名列第11位。2003年7月16日，美国福布斯杂志在其官方网站上发布了"全球十大最有影响力富人榜"。中国香港的长江实业集团主席李嘉诚排名榜单第五名。

最难能可贵的是，"超人"是一位爱国者，他用自己的财富为国家教育和卫生事业不断出力，这一点，让他的财富散发着温暖，让他备受华人推崇。他响应中央政府科教兴国的号召，捐巨资同教育部合作，实施"长江学者奖励计划"。他多年来爱国爱乡，重视教育卫生事业，热心公益，一往情深，尽心竭力。1993年6月，他曾说过这样的一段话："我现在的事业，是有比较大的发展，但对我来说，我最看重的，是国家教育和卫生事业的发展。只要我的事业不破产，只要我的身体还好，脑子还清楚，我就不会停止对国家教育卫生的支持。"从1980年开始，他陆续斥资18亿元，在中央政府和广东省政府的支持合作下，创建了汕头大学秘密；1994年捐资1100万元，帮助家乡潮州贫困地区，建了50所基础教育学校；1997年，捐资1000万美元，为北京大学建新图书馆；2000年，捐资2400万美元，参与国家互联网Internet II发展计划，在清华大学建设国家未来互联网技术研究中心……多年来李嘉诚总捐款额超过30亿港元，7成多捐款用在内地，两成多用在香港。他几乎每年都向内地捐助1亿元以上的资财，兴办大量公益事业。

【财富解密】老二变老大

李嘉诚在"长江EMBA与大师同行"系列讲座中提到自己的赚钱之道：很多人常常有一个误解，以为我们公司快速扩展是和垄断市场有关，其实我个人和公司跟一般小公司一样，都要在不断的竞争中成长，我们也是一步步成长起来的。

我们暂且把李嘉诚通过兼并和收购而致富的方法命名为"老大变老二"哲学，那么，当我们参与不同行业的时候，市场内已有很强和具实力的竞争对手担当主导角色，究竟老二如何变老大呢？或者更正确地说，老三老四老五如何变老大和老二。结合长江实业集团不断从老二蜕变为老大的艰难之路和"超人"曾谈过的自己成功之谜，我们不难发现一个秘密：

通过并购，老二不断变成老大。

·抓住时机：能否抓住时机和企业发展的步伐有重大关联，要抓住时机，就必须先掌握准确资料和最新资讯，能否抓住时机是看你平常的步伐是否可以在适当的时候发力，走在竞争对手之前，看准时机，果断出手。

·知己知彼：做任何决定之前，我们要先知道自己的条件，然后才知道自己有什么选择。在企业的层次，要知道自己的优点和缺点，更要看对手的长处，掌握准确、充足的资料作出正确的决定，一次失败的并购，会害人害己。

·磨砺眼光：知识的最大作用是可以磨砺眼光，增强判断力，有人喜欢凭直觉行事，但直觉并不是可靠的方向仪。时代不断进步，我们不但要紧贴转变，最好还要走前几步。要有掌握和判断最快、最准的资讯。不愿改变的人只能等待运气，懂得掌握时机的人便能创造机会；幸运只会降临在有正确的世界观、胆大心细、敢于接受挑战但又谨慎行事的人身上，并购考验的更多的是并购者的眼光，不要让自己并购过来的企业成为原来企业的包袱。

·找出适合公司的坐标：找出一些适合公司发展跟管理的坐标，然后再建立一套灵活的架构，确保今日的扩展不会变成明天的包袱；让管理层之间竞争，要让不同业务的管理层自我发展，互相竞争，不断寻找最佳发展机会，从而带给公司最大利益；完善治理守则和清晰指引可确保创意空间。企业越大，单一指令行为越不可行，因为最终不能让管理层的不同专业和管理经验得以发挥。有坐标才会有定位，有定位才会让并购之路走稳走好。

·有毅力能坚持：市场逆转情况，由太多因素引发，成功没有绝对方程式，但失败都有定律；减低一切失败的因素就是成功的基础。企业并购是一件高风险的事，需要并购者不断减低并购后造成失败的因素。我们可以从以下四点来降低企业并购后造成失败的因素：紧守法律及企业守则；严守足够流动资金；维持盈利；重视人才的凝聚和培训。

长江实业集团的成功得益于"超人"的成功并购，作为企业领导者必须具有国际视野，能全景思维，有长远眼光、务实创新，掌握最新、最准确的资料，作出正确的决策、迅速行动，全力以赴，能并购，并能让并购过来的子公司不成为原母公司的负担，而是企业新增的一股生力军。

【财富箴言】

李嘉诚先生是香港工商界的杰出代表，是著名企业家。长期以来，李先生坚持爱国爱港爱乡，为国家改革开放和现代化建设，为香港顺利回归祖国和保持繁荣稳定，为家乡经济社会发展和教育文化事业进步，办了许多实事好事，对国家、对香港作出了贡献。

——胡锦涛

编者：一名企业家，如果能用自己的财富来爱国，那他的财富将会是让社会暖心，而他本人无疑会成为大家心中的真英雄。

4. 万科集团——地产业老大的崛起之路

万科企业股份有限公司成立于 1984 年 5 月，1988 年进入住宅行业，1993 年将大众住宅开发确定为公司核心业务。2007 年公司完成新开工面积 776.7 万平方米，竣工面积 445.3 万平方米，实现销售金额 523.6 亿元，结算收入 351.8 亿元，净利润 48.4 亿元，纳税 53.2 亿元。该年末，万科全国市场占有率为 2.1%，业务覆盖到以珠三角、长三角、环渤海三大城市经济圈为重点的 29 个城市。当年共销售住宅 4.8 万套，销售套数位居世界前茅，跻身全球最大的住宅企业行列，成为中国房地产行业的龙头老大。

万科集团成立之初的业务并非为房地产，而如今崛起成为房地产行业老大，这背后必有其原因，那究竟是什么原因呢？在此，我们将这个原因聚焦在企业文化上，万科集团正是以它的"万科化"的企业文化享誉业内。万科集团的核心竞争力正是体现在它的企业文化上，在万科的成长道路上，一直在不断完善自己的企业文化，让企业文化成为自己的一种核心竞争力。

但凡一个企业，其企业文化往往包括三个方面：物质文化、精神文化、制度文化。我们就从这三个方面来看一下万科的企业文化。

在物质文化方面，万科一直在提升与创新。万科四季花城、城市花园、金色花园、俊园、水晶城等，每个项目的推出都是一次系列产品的提升与质变。更可贵的是，每次打动人心的细节都随处可见，一切改变都很细心，或许你会说，细节不算什么，但正是这些细节让顾客们感受到了万科无处不在的人文关怀，让人心里暖暖地来买万科的住房。

在制度文化方面，万科也同样一直在创新，它把很多具体事务性的工作上升到了制度和流程层面，这些标志着企业系统的健全和成熟。比如，企业如何对待媒体采访，如何对待媒体的负面报道，就各有一款专门的制度来指引、来规范，制度内容中涉及了负面报道的定义、适用范围和接待负面报道的流程等条款，还有"要避免沟通内容成为采访内容"的字句。在国内很多企业还不太会接待媒体采访时，万科已经把应对媒体不同种类的问题都制度化了。万科制度之规范、条款之专业、逻辑之严密见于字里行间。

万科的企业文化形成一套系统，这套系统使得万科在顺境时表现为企业肌体的健康、运转的正常和发展的稳健；而当市场大势低迷甚至险恶时，这套系统又能保障万科能将风险减小到最低限度，缩短渡过难关的时间。

在精神文化方面，精神文化是万科文化的核心，而企业文化的核心又是企业的核心价值观。万科的核心能力表现在万科制度文化形成的那一套系统上，但制度不是万能的，因为制度的执行是有成本的，执行根本和监督还是在于人。万科人文精神和企业价值观的形成和认可，是万科这套系统正常运转、制度真正执行、指引充分使用的基石，这才是万科最珍贵的。

万科的工作牌后面有个小卡片，上面印着万科的核心价值观。那就是：第一，客户是我们永远的伙伴；第二，人才是万科的资本；第三，阳光照亮的体制；第四，持续增长。在成立万科之初，创始人王石就按照这个思路要求企业。到今天，这些观点已经深入人心。万科的成功，得益于企业核心价值观有效的内部传播。

企业的核心价值观深入员工的内心，并引发他们相应的行动，经过发展，就形成了具有强大力量的企业文化。这种软力量使得万科如鹤立鸡群般在房地产行业中站到了房地产企业难以企及的高度。万达和顺驰都曾扬言在数年内超越万科，但结果都成了空言，主要就是因为文化的积累、品牌的构建均非短时间内可以建立起来的。

企业价值观的确立和有效传播非常重要，这是值得企业家深思的问题，尤其是房地产业的创业者。因为蝴蝶效应的作用，混乱、不清晰的企业战略无论对企业的长期发展还是品牌构建，都会产生极为强烈的负面影响。房地产其他企业要超越万科，需要先了解万科的成功秘诀。

万科企业的企业文化形成了一种人文关怀，助推着万科往前行。

很多企业对社会责任的承诺，更多的是停留在口头上，而万科不是这样。当拖欠民工工资成为政府部门重视、媒体关注的热点话题时，万科这套系统又开始运转了。这时，万科这套系统就不仅仅是人们心目中想象的只对"利润""经济效益"敏感的冷血的赚钱机器了，而更像是对社会、弱势群体充满良知和温暖的慈祥老人了。

1988年万科才开始涉足房地产业。在这前面的4年，可以看成是企业资本积累的阶段。而影响到万科以后的整个发展的，正是初涉足房地产业时确立的以服务为突破点，借鉴SONY的客户服务理念，在全国首创"物业管理"概念，并形成了一套超前的物业管理模式。从这个理念可以看出，王石带领的万科已经开始构建企业的价值观。这对一个企业而言是非常关键的。企业价值观经过有效的内部传播，获得员工的认同并为之奋斗，是一个团队走向成功的基础。这种初始的企业价值观确立，直接影响到万科未来发展整个过程中的品牌形成和发展。

从首创"物业管理"模式而响彻全国到全国第一个业主委员会的成立，从万客会的成立到近年来"建筑无限生活"品牌理念的提出，万科的企业价值理念得到切实的行为化，万科企业文化不断转化为万科的具体行为，不断推动万科走上中国房地产老大的位子。

【财富解密】建设企业文化

企业核心竞争力就是企业长期形成的，蕴涵于企业内质中的，企业独具的，支撑企业过去、现在和未来竞争优势，并使企业在竞争环境中能够长时间取得主动的核心能力。它是企业所特有的、能够经得起时间考验的、具有延展性，并且是竞争对手难以模仿的技术或能力。企业文化是指企业全体员工在长期的发展过程中所培育形成的并被全体员工共同遵守的最高目标、价值体系、基本信念及行为规范的总和。

企业竞争到一定阶段，企业之间的差异直接体现在企业文化上。企业文化打着不同的个性发展烙印，直接渗入企业的管理架构，融入企业的结构设计，塑造企业中的每一个员工，并通过对企业使命和核心价值观的共同认知使大家成为拥有强大凝聚力的团队。万科集团的核心价值观深入员工的内心，并引发他们相应的行动，经过发展，就形成了具有强大力量的企业文化，形成企业核心竞争力，使万科集团成为其他企业难以超越的一位房地产领路人。

建设企业文化，让企业文化成为一项核心竞争力，正是万科的成功之谜。

个性是企业文化的生命

企业文化，是一个组织由其价值观、信念、仪式、符号、处事方式等组成的其特有的文化形象。对企业具有导向、约束、凝聚、激励、调适、辐射等功能。文化是"道"，它贯穿企业发展始终又潜行于企业各个细节和制度中。文化无形却又比有形之物更具有力量，是"理念制胜"时代企业的核心。

我们着重分析了企业文化在万科成长为中国房地产老大中的重要作用，可以看到，万科在物质、精神、制度文化方面都独树一帜，甚至被业内称为"万科化"，而个性正是企业文化的生命，任何一个成功的企业都有一个企业文化个性。

企业文化包含物质、精神、制度三个方面，但其具体建设非三言两语可说完，作为企业领导者，需要结合本企业具体情况、本行业特质来系统地建设企业文化，有意识地培养本企业文化个性，让企业文化服务于企业最本质的盈利目标和企业的长远发展目标。企业文化建设的具体操作虽千差万别，但仍可遵循以下原则来进行建设：

第一，看轻自己，融入系统

海纳百川，有容乃大，作为企业的管理者，要真正把自己当作企业的一分子,把自己的身段放到与普通员工一样的位置,融入基层,倾听他们的声音,他们才是企业真正的血液。

第二,重塑团队,凝聚士气

突破团队心理误区,适应变革环境,遵循规则、制度底线。不抱怨,不指责,目标一致,让团队去超越。目标清晰,文化统一。敢于承担、付出,学会负责任。换位思考,使其更理解领导,更支持企业的发展。

第三,爱者大道,用心换心

信息不对称,导致决策偏差,企业内部执行不力,员工与管理者的沟通往往是让受训员工体会并建立要像爱自己的家一样爱企业,像爱自己的亲人一样爱伙伴的思想理念,懂得从自己做起,让企业充满爱和温暖。

第四,顾客是上帝,要与其荣辱与共

水能载舟,亦能覆舟。企业的一步步走来,离不开顾客的信赖和支持,离不开社会的浇灌,作为企业,要有一颗感恩的心,懂得适时回馈顾客,进行慈善活动,让赚钱充满爱的光辉。

第五,不断变革,系统制胜

心有多大,舞台就会有多大。眼光要着眼于企业的长期发展目标,主动敞开心扉,接纳世界,让企业的舞台不断变大、变华丽,不断给企业文化注入新活力以适应时代发展,让企业文化形成一套自我完善的系统,最终形成一种核心竞争力。

【财富箴言】

建筑为了生命,建筑延拓生命,建筑充满生命。

——万科集团

编者:拥有强大的核心竞争力,意味着企业在参与依赖核心竞争力的最佳市场上拥有了选择权。每个企业要想走得更远,都需要打造属于自己的、别人无法替代的核心竞争力。

5. 伯克希尔——"股神"巴菲特叱咤股市的奥秘

伯克希尔·哈撒韦公司40年前,是一家濒临破产的纺织厂,而在沃伦·巴菲特的精心运作下,公司净资产从1964年的2288.7万美元,增长到2001年年底的1620亿美元;股价从每股7美元一度上涨到近15万美元。伯克希尔·哈撒韦公司持有美国运通、可口可乐、吉列、华盛顿邮报、富国银行,以及中美洲能源公司的部分股权。

伯克希尔·哈撒韦公司现发展成为一家主营保险业务,在其他许多领域也有商业活动的公司。其中最重要的业务是以直接的保险金和再保险金额为基础财产及灾害保险。截至2008年,伯克希尔·哈撒韦公司摊薄后的每股收益高达3224美元,每股净资产高达70532美元,每股现金流量高达16439美元,长期保持美国第一高价股的地位。

我想,在中国伯克希尔公司的创始人巴菲特的知名度应该远大于伯克希尔公司,在投资界,他一直是神一般的存在,他购买的股票,一般会马上升值;2010年巴菲特午餐价以2626311美元再创新高,虽然他事先声明午餐会上不能回答买卖股票事宜,不谈投资理念……通过投资,把财富不断积累,2010年沃伦·巴菲特以净资产470亿美元位列福布斯榜第三名。

巴菲特真是神吗? 他的神奇之处在什么地方? 让我们来看一下他的几个投资小案例:

·可口可乐:投资13亿美元,盈利70亿美元。120年的可口可乐成长神话,是因为可口可乐卖的不是饮料而是品牌,任何人都无法击败可口可乐。领导可口可乐的是占据全世界的天才经理人，12 年回购 25% 股份的惊人之举，一罐只赚半美分但一天销售 10 亿罐，净利润 7 年翻一番，1 美元留存收益创造 9.51 美元市值，高成长才能创造高价值。

·GEICO：政府雇员保险公司，投资 0.45 亿美元，盈利 70 亿美元。巴菲特用了 70 年的时间去持续研究老牌汽车保险公司。该企业的超级明星经理人杰西·伯恩在一个又一个的时刻挽狂澜于既倒。1 美元的留存收益就创造了 3.12 美元的市值增长，这种超额盈利能力创造了超额的价值。因为 GEICO 公司在破产的风险下却迎来了巨大的安全边际，在 20 年中，这个企业 20 年盈利 23 亿美元，增值 50 倍。

·大都会/美国广播公司：投资 3.45 亿美元，盈利 21 亿美元。作为拥有 50 年历史的电视台。一样的垄断传媒行业，高收视率创造高的市场占有率，巴菲特愿意把自己的女儿相嫁的优秀 CEO 掌舵，并吸引了一批低价并购与低价回购的资本高手,在一个高利润行业创造一个高盈利的企业，1 美元留存收益创造 2 美元市值增长，巴菲特非常少见的高价买入，在 10 年中盈利 21 亿美元，投资增值 6 倍。

……

看完这些，人们不禁要问：他为什么这样神？

【财富解密】开心滚雪球

巴菲特最大的秘密就是他没有秘密。正如艾利斯在巴菲特传《滚雪球》中所描述的那样，他只是一个滚雪球的人，把自己的财富像滚雪球一般不断增加。我们和他不同的是，他总能把雪球不断滚大，而我们很少有这样的把握。下面是我们通过研究巴菲特投资习惯、关于他的一些传记和他本人关于投资的一些见解总结出的巴菲特投资六原则，希望可以帮大家学着巴菲特那样把滚雪球游戏进行得开心。

第一，赚钱而不是赔钱

这是巴菲特经常被引用的一句话："投资的第一条准则是不要赔钱；第二条准则是永远不要忘记第一条。"因为如果投资1美元，赔了50美分，手上只剩一半的钱，除非有百分之百的收益，否则很难回到起点。巴菲特最大的成就莫过于在1965年到2006年间，历经3个熊市，而他的伯克希尔·哈撒韦公司只有1年（2001年）出现亏损。

第二，别被收益蒙骗

巴菲特更喜欢用股本收益率来衡量企业的盈利状况。股本收益率是用公司净收入除以股东的股本，它衡量的是公司利润占股东资本的百分比，能够更有效地反映公司的盈利增长状况。根据他的价值投资原则，公司的股本收益率应该不低于15%。在巴菲特持有的上市公司股票中，可口可乐的股本收益率超过30%，美国运通公司达到37%。

第三，要看未来

人们把巴菲特称为"奥马哈的先知"，因为他总是有意识地去辨别公司是否有好的发展前途，能不能在今后25年里继续保持成功。巴菲特常说，要透过窗户向前看，不能看后视镜。预测公司未来发展的一个办法，是计算公司未来的预期现金收入在今天值多少钱。这是巴菲特评估公司内在价值的办法。然后他会寻找那些严重偏离这一价值、低价出售的公司。

第四，坚持投资能对竞争者构成巨大"屏障"的公司

预测未来必定会有风险，因此巴菲特偏爱那些能对竞争者构成巨大"经济屏障"的公司。这不一定意味着他所投资的公司一定独占某种产品或某个市场。例如，可口可乐公司从来就不缺竞争对手，但巴菲特总是寻找那些具有长期竞争优势、使他对公司价值的预测更安全的公司。20世纪90年代末，巴菲特不愿投资科技股的一个原因就是：他看不出哪个公司具

有足够的长期竞争优势。

第五，要赌就赌大的

绝大多数价值投资者天性保守，但巴菲特不是。他投资股市的620亿美元集中在45只股票上。他的投资战略甚至比这个数字更激进。在他的投资组合中，前10只股票占了投资总量的90%。晨星公司的高级股票分析师贾斯廷富勒说："这符合巴菲特的投资理念。不要犹豫不定，为什么不把钱投资到你最看好的投资对象上呢？"

第六，要有耐心等待

如果你在股市里换手，那么可能错失良机。巴菲特的原则是：不要频频换手，直到有好的投资对象才出手。巴菲特常引用传奇棒球击球手特德威廉斯的话："要做一个好的击球手，你必须有好球可打。"如果没有好的投资对象，那么他宁可持有现金。据晨星公司统计，现金在伯克希尔·哈撒韦公司的投资配比中占18%以上，而大多数基金公司只有4%的现金。

【财富箴言】

他精心滚起来的雪球现在已经非常之大，然而他对滚雪球的态度依旧。不管过多少个生日，日历每翻到那天他都感叹不已，永远都如此，他一直认为自己就是八九点钟的太阳，他从不回望山顶，世界无限宽广，他才刚刚启程。

——【美】艾利斯·施罗德《滚雪球》

我是个现实主义者，我喜欢目前自己所从事的一切，并对此始终深信不疑。作为一个彻底的实用现实主义者，我只对现实感兴趣，从不抱任何幻想，尤其是对自己。

市场就像上帝，只帮助那些努力的人；但与上帝不同，市场不会宽恕那些不清楚自己在干什么的人。

——巴菲特

6. 蒙牛集团——"老牛"牛根生的蒙牛神话

"蒙牛速度"在中国企业界引人注目。1999 年 1 月蒙牛正式注册成立，注册资金 100 万。2002 年，蒙牛乳业被北京一家著名财经媒体评为中国市场成长最快的企业，从 4000 万元到 85 个亿，用了不到 24 个月，财富增长速度超过了世界巨无霸的微软帝国，缔造了令世人敬畏的"蒙牛速度"。CCTV "2003 中国经济年度人物"对牛根生的颁奖辞写道："他是一头牛，却跑出了火箭的速度！"蒙牛创造了多项全国纪录，例如：荣获中国成长企业"百强之冠"，位列"中国乳品行业竞争力第一名"，拥有中国规模最大的"国际示范牧场"，并首次引入挤奶机器人，是中国乳界收奶量最大的农业产业化"第一龙头"；蒙牛枕单品销量居全球第一，液态奶销量居全国第一，"消费者综合满意度"列同类产品第一名，同时也是 2003 年香港超市唯一获奖的大陆品牌；蒙牛还是中国首家在海外上市的乳制品企业，并一举摘得"2004 年最佳 IPO"桂冠。

蒙牛何以跑出火箭的速度？这和它的掌门人有很大的关系，在神话的背后，是"老牛"整合资源的大手笔。创立之时的蒙牛在当时可以说一文不名，他的那点创业资金连建厂房买设备的都不够，更不用说是去开拓市场。为此，蒙牛没有按照一般企业的思路，首先建厂房，进设备，生产产品，然后打广告宣传，获取知名度和市场，而是采用了"老牛"提出逆向经营的思路："先建市场，再建工厂"，在四周有强大的对手环绕、自身资金匮乏的困境中迈出了第一步。当然，"先有市场，后有工厂"的经营理念在中国并非蒙牛独创，这种理念为很多企业所倡导，包括万众瞩目的海尔，但蒙牛绝对是将此模式诠释最好的企业之一。最重要的是蒙牛之所以能超速发展，短短几年时间成为中国乳业的龙头，关键在于有效的资源整合，有效的整合营销，推动蒙牛跑出了火箭的速度。

蒙牛在整合营销中通过把有限的资金集中用于市场的营销推广中，先建品牌，打市场，使得品牌迅速深入人心，有了一定的张力后，牛根生就与中国营养学会联合开发了系列新产品，然后通过合作的方式把全国的工厂变成自己的加工车间。自己只投入品牌、技术、配方，采用托管、承包、租赁、委托生产等形式，将所有产品都打出"蒙牛"品牌。这样，投资少，见效快，又可创造出自己的品牌。整合营销这种方式，使得蒙牛在全国都可以发现和利用资源，有效地分工合作，把蒙牛变成了个近似液态的公司，有品牌、有技术、有人才，就是没厂房、没固定资产。而液态公司的好处是在动态中整合社会资源为我所有，通过无形资产的衍化使之快速发挥潜力，形成强劲的市场竞争力。

资源整合营销典型的例子是当牛根生了解到拥有中国最大奶源生产基地的黑龙江省有一家美国独资企业，因经营管理不善，效益很差时，他就带7个精兵强将去把这个企业托管了。"蒙牛"牌第一年2000万元牛奶的销售额就全是由这个企业完成的。牛根生不仅没有给这家公司投资，他们8个人还每年共挣这个企业47万元的年薪。蒙牛这种运作方式成功了，在短短的两三个月的时间内，牛根生盘活了企业外部7.8亿元的资产，完成了一般企业几年才能完成的扩张。

另外，"老牛"整合资源的成功，还在于合理整合资源结构：蒙牛整合了20%的自身品牌资源和80%的社会资源。在蒙牛整合的社会资源，我们可以通过冰山一角来看蒙牛整合出的社会资源之强大：目前，参与蒙牛公司原料、产品运输的600多辆运货车、奶罐车、冷藏车，为公司收购原奶的500多个奶站及配套设施，近10万平方米的员工宿舍，合计总价值达 5 亿多元，都是通过当地政府及公司的动员和组织，均由社会投资完成。打着蒙牛标志的运奶车有 500 多辆，但这些车没有一辆是蒙牛自己购买的，全部由民间资金购买。有人开玩笑说，蒙牛只问奶的事，不问车的事。个体车主买来运奶车，刷上蒙牛的统一标识，与蒙牛签订运奶合同，人们称之为蒙牛的"奶的士"。

此外，蒙牛还时刻关注奶农的利益，把自己企业的命运和奶农挂钩，以强乳兴农为企业发展使命，这样社会上大量的奶农在蒙牛的扶植下向蒙牛聚集。同时，因为乳液产业价值链长，会带动农民致富，农业的发展，那么也就吸引大量的地方政府免费把土地出让给蒙牛，比如和林格尔县和焦作市等地园区的建立，基本上都属于蒙牛通过资源整合形成的磁力吸引社会资源的聚集。

总之，蒙牛能够在短期内取得如此辉煌的发展，光靠一己之力肯定是无法办到的。其中的关键就是资源的整合和利用。通过整合利用彼此的资源，共创更大的利益，用乳业的点带动三农问题、消费者健康问题、经济发展等问题的面效应，势必成为奶农、消费者、政府和社会依赖的企业，它能跑出火箭的速度也就不那么奇怪了。

【财富解密】资源整合

其实在讲蒙牛的财富故事之时，我们已经做了财富解密，那就是通过资源整合，形成一种合力，推动企业的发展。如果我们把各种资源比喻成臭皮匠，把蒙牛拥有的资源比喻为诸葛亮，蒙牛的这种智慧正好用一句中国古话来形容：三个臭皮匠赛过诸葛亮。另外，蒙牛合理整合资源结构的智慧亦如三个和尚挑水的故事：20% 的品牌资源，80% 的社会资源。这两种智慧的叠加，碰撞出了一个蒙牛神话。

资源整合，是企业战略调整的手段，也应该成为企业经营管理的日常工作。整合就是要优化资源配置,就是要有进有退、有取有舍,以获得整体的最优。企业需要对不同来源、不同层次、不同结构、不同内容的资源进行识别与选择、汲取与配置、激活和有机融合,使其具有较强的柔性、条理性、系统性和价值性,并创造出新的资源。

一个企业,在成立之初,或者是竞争对手过于强大之时,通过资源整合,迅速形成一种合力,达到"快鱼吃慢鱼"的效果,这也不失为一个企业想迅速成长的谋略和智慧。

【财富箴言】

小胜凭智,大胜靠德。财聚人散,财散人聚;一个人智力有问题,是次品;一个人灵魂有问题,就是危险品;经营人心就是经营事业。

野蛮社会,体力可以统御财力和智力;资本社会,财力可以雇佣体力和智力;信息社会,智力可以整合财力和体力;观念、思维方式的革命,远比技术、软件和速度的革命更重要。

——牛根生

编者:一个企业,如果它能让三个臭皮匠(该企业可以整合的资源)赛过诸葛亮(该企业自身资源),不让整合的资源出现三个和尚没水喝的情况,那么,它也可以"快鱼吃慢鱼",创造出下一个蒙牛神话。

7. 海尔集团——"白色家电"第一品牌的成长之路

编者语:1985年张瑞敏抡起大锤亲手砸下第一锤的时候,从某种意义上说,那一刻,砸出了我们今天的"白色家电"第一品牌——海尔。

每一个成功的企业,都是多面成功,在看海尔成长之路时,我们把目光聚焦它的质量品牌战略，创新商业模式上，从企业的个性中感受海尔不平凡的成长之路。

首先，我们重温一遍著名的张瑞敏砸冰箱事件。这件事发生在1985年。一天，张瑞敏的朋友要买一台冰箱，所以就来到了张瑞敏管理下的工厂。那位朋友挑了很多台冰箱，结果发现都有一些大大小小的毛病。那位朋友看在张瑞敏的面子上，勉强拉走了一台。朋友走后，张瑞敏让工人们把库房里的400多台冰箱全部检查了一遍，发现共有76台存在各种各样的缺陷。张瑞敏把职工们叫到车间，并宣布，这些冰箱要全部砸掉，谁干的谁来砸，并抡起大锤亲手砸了第一锤！当时，很多职工砸冰箱时都眼带泪花。毕竟，那些都是他们的心血。在接下来的一个多月里，张瑞敏发动和主持了一个又一个会议，讨论的主题非常集中：如何从我做起，提高产品质量。正是这一砸砸出了海尔人的质量意识和市场意识，自此，海尔迈出了成长的第一步。

由于产品质量过关，海尔冰箱在北京、天津、沈阳三大城市一炮打响，市场出现抢购现象。张瑞敏分析了当时电冰箱市场品种繁多，竞争激烈的形势，提出了"起步晚、起点高"的原则，制定了海尔发展的"名牌战略"。在1987年世界卫生组织进行的招标中，海尔冰箱战胜10多个国家的冰箱产品，第一次在国际招标中中标！海尔的发展逐渐引起了各级领导和社会各界的关注。1988年12月，海尔冰箱在全国冰箱评比中，以最高分获得中国电冰箱史上的第一枚金牌，从此奠定了海尔冰箱在中国电冰箱行业的领头地位。1989年6月，一场政治风波袭来，市场出现寒流，而海尔冰箱在这场风波中，不但没有降价，反而提价12%，仍然被抢购。海尔以它的高质量和服务赢得了市场，验证了通过提高质量，走"名牌战略"的正确性。

管理大师彼得·德鲁克指出："创新的行动就是赋予资源以创造财富

的新能力。"企业创新力就是企业在市场中将企业要素资源进行有效的内在变革，从而提高其内在素质、驱动企业获得更多的与其他竞争企业的差异性的能力，这种差异性最终表现为企业在市场上所能获得的竞争优势。海尔从迈出第一步后，从没有停止过创新的步伐。

产品创新：海尔围绕用户需求，已经由最初到国外出口产品、品牌推广阶段发展到真正进入主流渠道营销主流产品的阶段。如海尔 3D 冰箱真正成为国际主流渠道的主流品牌。这是一款唯一被全球同时认可的冰箱。在欧洲，它获得了世界著名的设计大奖之一的"红点至尊设计大奖"，同时获得德国著名的 PIUSX 大奖；在美国，它获得美国权威机构"最佳产品设计奖"；在中国，它获得了"2008 年度最佳产品设计奖"。还有法式对开门冰箱等，都已经成为时尚的风向标。在今年年初的美国 CES 展上，海尔推出了一款无尾电视，引起了行业轰动。

技术创新：截止到 2009 年年底，海尔累计申请专利 9738 项，其中发明专利 2799 项，居中国家电企业榜首。在自主知识产权的基础上，海尔已参与 23 项国际标准的制定，其中无粉洗涤技术、防电墙技术等 7 项国际标准已经发布实施，这表明海尔自主创新技术在国际标准领域得到了认可；海尔主导和参与了 232 项国家标准的编制、修订，其中 188 项已经发布，并有 10 项获得了国家标准创新贡献奖；参与制定行业及其他标准 447 项。海尔是参与国际标准、国家标准、行业标准最多的家电企业。

商业模式创新：目前，"创新驱动"型的海尔正在进行商业模式的转型和企业的转型。首先，海尔从传统经济下的商业模式转型为人单合一双赢模式，通过"倒三角"的组织再造和"自主经营体"的创新，打造一个个"自组织"，使一线人员自觉地为用户创新。另外，海尔从制造业转型为服务业，探索零库存下的即需即供、零距离下的虚实网结合，通过"虚网"了解用户需求，"实网"送达用户满意。虚网就是互联网，实网就是海尔的"三张网"——营销网、物流网、服务网。

持续的创新使海尔的竞争力进一步提升，海尔人单合一双赢模式显现出了强劲的生命力。2009年，海尔整合全球资源，满足全球用户的个性化需求，实现利润增幅是营业额增幅的10倍多，同时，在创业25年之后，海尔成为全球"白色家电"第一品牌，并且8年蝉联中国最有价值品牌榜首。

【财富解密】如何创建名牌和一个企业创新的理由

"白色家电"第一品牌的产生正是海尔在创新中创建名牌的过程。一个企业产品的质量问题实际上是该企业的生存问题，保证产品的质量是一个企业发展的根本前提。

对品质问题的专注其根本理由就是该项目潜在的利润增长。尽管对于品质的重要性可能有多种多角度的解释，但其底线却是：消费者认可品质，并愿意为品质付钱。品质意识的首要理由就是它有利于您的品牌。消费者对某些品牌的倾向性来自该品牌的价值主张以及该产品所能实现的功能。用户期望产品的品质能物有所值，如果他们对购买的产品感到失望，很快他们就会对该产品及其品牌报以怨言。若想构建一个能在市场成功的品牌，重要的就是当用户开始使用该产品时能确保获得一个积极体验。曾经购买过一个企业劣质品的消费者一般都会对之深感失望，从而不会第二次购买该企业的产品。而正面的消费体验将会导致更多的销售，由此便走出了名牌战略的第一步。其次，品牌忠诚度也同等重要。赢得消费者信任并建立持久的品牌忠诚度是持续增长的关键。如果用户满心期盼该产品的下一个革新或该公司的其他新产品，您已经获得了一个忠诚的用户群。如果企业生产出来的新产品质量更完美，那么随着时间的流逝，钟情某个品牌并不断购买这些产品的人就会不断增长，自此，一个名牌产品诞生了。

创新是带有氧气的新鲜血液,是企业的生命。纵观当代企业,唯有不断创新,才能在竞争中处于主动,立于不败之地。许多企业之所以失败,就是因为他们未能真正做到这一点。一个企业的创新包括:思维创新(发展战略方面);产品服务创新;技术创新;组织与制度创新;管理创新;营销创新;企业文化创新等。在创新方面,没有一个全能的企业,但只要在保证质量的基础之上,在以上某一方面有所建树,它必定会不断成长为一个优秀的企业。

【财富箴言】

海尔的价值观是什么?只有两个字,创新。创新就是要不断战胜自己。也就是确定目标,不断打破现有平衡,再建立一个新的不平衡;在新的不平衡的基础上,再建一个新的平衡。

——张瑞敏

8. 腾讯QQ——马化腾如何缔造了腾讯公司

 【财富故事】王者之路

腾讯公司是在香港交易所上市的综合企业公司,创始人为马化腾。

1998年11月腾讯公司在深圳成立,是中国最早的互联网即时通信软件开发商。

1999年2月,腾讯正式推出第一个即时通信软件——"腾讯QQ"。

2002年,腾讯QQ的用户群成为中国最大的互联网注册用户群,注册用户为1亿6000万，活跃用户5000万。

2004年6月16日在香港联交所主板上市（股票代号700），目前腾讯已发展成为中国最大的互联网应用服务及移动应用增值服务提供商之一。

截至2007年9月21日，腾讯以106多亿美元成为中国互联网历史上第一个市值超过100亿美元的企业。

【财富解密】知己知彼，百战不殆

腾讯公司是如何在短短的10年间发展成为中国市值第一、收入第一、利润第一的综合互联网公司呢？这和其掌门人马化腾的个人优秀素质有着密不可分的联系。

1. 马化腾是一个专注的人。马化腾从深圳大学毕业之后就进入润迅通信发展有限公司，从专注于寻呼软件的工程师一直做到开发部主管。马化腾是一个专注的人，"从1998年开始，我就考虑独立创业，却一直没想清楚要做什么，但创业的想法并没有起伏，我知道自己对着迷的事情完全有能力做好。我感觉可以在寻呼与网络两大资源中找到空间。"马化腾了解自己，并且认真分析自己的优劣势，扬长避短，最后选择最能发挥自己长处的互联网，把自己的时间、精力和智慧凝聚到互联网事业上，从而使腾讯发展成为中国互联网历史上第一个市值超过100亿美元的企业。

2. 马化腾是一个极具远见的领导人。当年相邀4位伙伴共同创业，由马化腾出主要的启动资金。有人想加钱、占更大的股份，马化腾说不行，"根据我对你能力的判断，你不适合拿更多的股份"。因为未来的潜力要和应有的股份匹配，不匹配就要出问题。什么问题？拿大股的不干事，干事的股份又少，矛盾就会发生。在创立腾讯之初，他就和4个伙伴约定清楚：各展所长、各管一摊：技术、业务、行政、信息部门，因为都是多年同学，彼此的特长都知根知底，如此设计，使团队能在维持张力的同时保持和谐。

最后马化腾有一大股,该做决定的时候还是有一锤定音的能量。这就是马化腾,在创业之初就在为今后可能的陷阱筹谋。时至今日,5位创始人都留在腾讯,不离不弃。

知己就是了解自己,即对自身资源与能力的检视。马化腾正因为了解自己的能力、兴趣,了解企业的发展动向,凭着对网络市场的一种朦胧却又相当有预见性的理解,用近乎偏执的兴趣和近乎狂热的工作热情搭起了腾讯的架子,牢固坚持以技术为核心的公司理念,极端专注于技术开发和提升质量,当然能高出对手一筹。

知己是企业一切市场动作的前提,各个企业应该做到知己。要做到知己,需要以下几个要求:开阔眼界;管理提升;重新定义成功。只有做到这几点,企业或个人才能跨出迈向成功的第一步。

知彼就是了解对方、对手。即对包括政策、市场等在内的外部环境的前瞻与应对。马化腾因为了解市场行情,知道网民最需要的是什么,所以他和他的团队才研发出 QQ 这样一种即时通信工具;正因为马化腾了解互联网企业要如何管理、如何成长,他才会将腾讯推向高峰。

那么怎样才能做到知彼呢?知彼有各种各样的途径、方法和手段。譬如,通过技术或战术的侦察手段获取对手的情报,通过打入对手内部探听并传送各种秘密消息,通过分析研究对手而掌握其惯用方法,等等。还可以通过与对手"近距离接触",仔细了解对手的行为方式和兴趣爱好,逐步掌握对手实施的特点规律。并且,我们还可以运用现代化的通信、网络等信息工具,获取对手的各种情报和信息资料。

【财富箴言】

编者:知己知彼方能百战不殆,我们不仅仅需要知己,更要做到知彼。

财富秘密

第二则

投资理财——平民百姓的致富秘诀

本章导读: 在第一章里,我们一起解读了富豪们的财富人生,你或许会说:他们都是富人,我一穷人,我和他们没有一点可比性,他们的故事与我没有关系……那我想说的是:你错了,在他们身上,一定有你的影子! 让我们一起回忆一下序言里穷人和富人的定义:穷人——没有参透财富秘密,也没去敲财富之门的人;富人——发现财富之门虚掩着的人。如果一个穷人突然去敲了财富之门,他会发现,自己和进了门的人并没有千里之隔。在这一章里,我们就一起去推开这道虚掩着的门,揭示平民百姓致富的秘诀。

1. 第一秘诀: 你不理财, 财不理你

我们相信,一个正常理性的人,没有喜欢贫穷的,也就是我们说的都有"钱"心,都具备致富的基本条件——想拥有财富,但面对成千上万想致富而财不至的窘境,这是为什么呢? 因为我们首先缺乏一种正确、积极的金钱观。让我们一起来看一个小故事:

财富圈
——从第一桶金到身家过亿的秘密

财富小故事 1：日本明治时代有名的船舶大王河村瑞贤，年轻时好长一段时间无所事事，在家赋闲无聊。后来生活日渐拮据，他想："我不能这样贫穷下去，应该干一番事业。"于是，他拿出少许钱给乞丐，叫他们到处去拾人家丢掉的生菜叶，然后卖给贫穷的劳工们。当他开始做这项生意时，不少人讥笑他、讽刺他，甚至有的朋友拒绝和他来往，而河村根本不在乎这些。他埋头拼命地干了起来，他认定这些小钱正是他事业的全部基础，只是心里默默地对这些人说"等着瞧吧"，不出几年，河村开始投资船舶业，成为这一领域的老大。

财富小故事 2：20 世纪的 90 年代，在美国的斯坦福大学有一名普通的学生叫作默巴克。默巴克说起来也并不普通，他的成绩非常优异，每年都拿奖学金，但他的家庭很普通，父母都是普通职员，经济上有些拮据。默巴克为了减轻父母的经济压力，进了大学以后就打工赚学费，帮学校做一些剪草坪、收报纸、打扫卫生的工作。没想到，第一次打扫学生公寓就扫出名堂来了，先扫到了一美分的硬币，随后他发现墙角床下有很多硬币，两美分、五美分的都有，默巴克把它们都收了起来，然后如数还给了宿舍的同学。但是，宿舍的同学怕麻烦，都不肯收回这些硬币，默巴克觉得很奇怪，还就此给当时的财政部写了封信。财政部很快回信给默巴克：每年有 300 亿硬币，但是 105 亿都被人扔掉了。100 多亿的钱啊，居然都被扔在墙角沙发缝，默巴克陷入了沉思。默巴克心里琢磨着把这些被扔掉的硬币变成财富。他决定把这些财富都挖出来，首先他要搞清楚一共有多少财富。于是，默巴克查阅了相关的资料，发现硬币长达 30 年，计算起来散落在各地的硬币有 1700 多亿美金之多。这简直就是一座大金矿，但怎么挖呢？默巴克想起了一台机器——硬币兑换机。他很快就注册了一家叫作"硬币之星"的公司，这个公司定制了自动换币机。从超市出来，顾客只要把手里的硬币倒进这个机器里，机器就会自动点数，然后打出一张收条，顾客凭收条就可以到服务台领现金了。默巴克从中提成，这种自动换币机在超市大受欢迎。仅仅 5 年，"硬币之星"就在美国 9000 家超市设置了 10000 台换币机，而默巴克也从一无所有变成了大富翁，人们都说他是一美分垒起的大富翁。

认真反思一下，我们是否常常在讥笑河村一样的人？是否常常看不起角落里遗落的小硬币？看不起小钱的人是无法致富的，因为所有的"大钱"都是由小钱积聚而成的。

当我们贫穷时，是否认真地做过一回"河村"？当我们是一个平民百姓时，是否看到一个小小的硬币身上，闪耀着财富的光芒？我们想要拥有财富，首先是否拥有了一个正确、积极的金钱观？

答案对大多数人是否定的。

【财富解密】平民的致富之道——理财

不少人都有这样的愿望，总梦想自己一觉醒来，成了一个腰缠万贯的大老板，然后在人间潇洒走一回，这样急切的赚钱心境，常常换来的是黄粱一梦。为什么会这样？因为我们忘了这句话：你不理财，财不理你。这正是我们所说的正确、积极的金钱观，也是我们平民致富的第一要诀。

台湾理财专家黄培源研究大量致富实例之后，得出这么一个结论：1/3 的有钱人是天生的，1/3 靠创业积累财富，1/3 靠理财致富。诞生于富裕之家的人毕竟是少数，一般人创业成功的比例也只有 7%，因此作为一名贫民，一个普通老百姓，理财成了最佳途径。

有人认为，理财不过是精打细算而已，最多也不过是改善一下个人或者家庭的财务状况，与我们的致富目标相差甚远。其实这是一种很错误的想法。理财本身就是一个很好的致富之道，而且理财致富，是人人都可做到的。你不需要是有钱人，不需要是高收入者，不需是高学历，不需具备专门的知识和高超的技术,不需要靠运气,你需要的只是正确的理财习惯。

你不理财,财不理你,你不妨检视一下自己,你是否养成了较好的理财习惯?是否制定了明确的投资计划?是否在沿着追逐财富的正确轨道上前进?大多数人看不到小溪汇集在一起能聚成汪洋大海而小钱不想挣只想挣大钱;抑或有点资产只懂得放在金融机构而不投资;又或者把钱用来投资时只想挣大钱,只想盲目快速致富,结果因为从事快速投资反而弄得血本无归,形成了贫穷的一个怪圈。

你不理财,财不理你。致富靠理财,理财靠方法。平民百姓想通过理财致富,首先就必须拥有一个正确、积极的金钱观——看重小钱,每个人都可通过理财致富;其次需要培养自己正确的理财习惯,让钱找上门来而非自己提着灯笼满天下乱转;最后就进入了理财的实质阶段——开源和节流。所谓开源,便是争取资金收入,作为一名平民,要重视小钱;所谓节流,便是计划消费,预算开支。成功的理财可以增加收入,减少不必要的支出,改善个人或家庭的生活水平,从而走上富裕之路。利用理财是一个正常的平民人人都可做到的,也是应该做到的。

在第一个小故事里,我们可以发现,河村之所以成功,从一无所有华丽转身为"船舶大王",这与他看重小钱,明白财富积累之道密切相关。第二个小故事直观地揭秘一枚枚的小硬币可以垒砌出一个大富翁。

你看见眼前的'小钱'和'大钱'的联系了吗?财富第一步你准备好了吗?

【财富箴言】

合抱之木,生于毫末;九层之台,起于累土;千里之行,始于足下。

——《老子》

编者:"小钱"不小,平民致富,树立正确、积极的金钱观是财富的第一秘诀。

2. 以钱生钱，钱财自然滚滚而来

从前，有一个很爱钱的人，总想把自己的财富变成金钱随身携带，这样心里才会踏实，有一天，他终于下定决心，把自己的所有财产变卖以后，换成一大块金子，埋在墙根下。每天晚上他总要把金子挖出来，爱抚一番之后再小心翼翼地收藏好。后来有个邻居发现了他的秘密，偷偷地把金子挖走了。当那人晚上再来查看时，金子已经不见了，他伤心地哭了起来。有人见他哭得如此伤心，问清缘由以后劝道："你有什么可伤心的呢？把金子埋起来，它也就成了无用的废物，你找一块石头放在那里，就把它当成金块，不也一样吗？"

在这则故事里，有两个可爱的人，一个是藏钱的人，另一个是安慰者，他们的可爱之处，我们留在财富解密中——解读，让我们来看另外两个财富故事：

赵强胜在 D 市一家国有企业的工会工作，这几年看到周围很多同事下海经商，事业有成，于是，他也动了心，但毕竟单位的各种保障和福利不错，所以，即将跨入 40 岁门槛的他虽然还是一个"大头兵"，但他非常知足。因为对他来说，除了提供正常生活保障以及从和谐舒适的工作环境中找到心理寄托外，这份工作的薪水并不十分重要。这些年，他依靠科学理财，使自己的家庭资产像滚雪球一样越滚越大。

说到以钱生钱，赵强胜从十几年前就开始了。那时他和妻子勤俭持家，有了婚后的第一笔积蓄，当时多数人都是"有钱存银行"，而他却把积蓄买了国债。结果 5 年下来，他的本息正好翻了一番。此后，他又果断地把这笔积蓄投入到了股市中。没过几年，他的股票总市值已经达到40万元！而他这时的工资才800元。

赵强胜始终抱着见好就收的投资心理，所以为了稳定胜利果实，他便把股票及时卖掉，又买了国债。40万元每年的利息收入就是11560元，"钱"赚的钱，已经超过了他当时的工资。2004年年初，理财市场上不断推出信托和开放式基金，他又将到期的国债本息一分为二，分别买了两年期信托和开放式基金，信托产品的年收益为6%，基金的申购价格为1.07元。不久前，信托产品到期兑付，那只基金的累计净值在经历涨涨跌跌之后也达到了1.27元，这样算起来，两年时间他共实现理财收益6.9万元，平均每年收益3.45万元，远远超过他的工资收入。

何小红原本是D市一家银行的会计，2002年，何小红看准了房地产市场，认为投资房地产一定会获得巨大收益。于是，她向银行贷款，买了3套房子。后来的两年，还贷压力很大，但何小红并未太过心焦。她将房子租出去，用房租还贷，以解燃眉之急。时间到了2004年，D市的房价开始一路上涨，何小红3套按揭房的房租也水涨船高。2005年年初，考虑银行贷款利率上调，贷款成本增加，于是何小红便将3套房子全部卖掉，提前还了贷款。这样，何小红当初投资的40万元一下子变成了90万元！虽然有90万元的积蓄，但何小红并不愿意将钱存在银行，因为利息太少。于是她便琢磨起了投资门路。经过一番考虑，何小红选择投资"实业"。

何小红的舅舅开了一家沥青化工厂，但由于缺乏周转资金，影响了发展。舅舅听说何小红投资房地产赚了一大笔钱，万般无奈下，找到何小红借钱。何小红爽快答应给钱，但却不是"借"而是投资。二人经过协商达成了合作意向，由何小红将90万元资金借给舅舅，在确保资金可随时撤回的情况下，每年享受20%的分红。为了防范投资风险，何小红想了一个万全之策，因为舅舅的工厂固定给D市一个公路站供货，而公路站始终压着供货方一部分资金,因此何女士的舅舅有一笔数额不菲的债权。公路站是政府的,债务风险较小,所以何小红和舅舅协商,90万元借款以债权做抵押,并通过律师办理了相关手续。这样,舅舅盘活了融资资源,取得了经营资金,何小红又在避免风险的前提下增加了投资收益,仅2005年一年的时间,她就获得分红12万元。

在上面财富故事中提到的主人公,都是做到了靠"钱"赚钱从而致富,他们的致富经历,正好印证了李嘉诚的一句名言:30岁以前要靠体力赚钱,30岁以后要靠"钱"赚钱。

 【财富解密】

钱才是这个社会的血液,他时时刻刻都在不停地运转,使社会保持着新鲜,一旦它不流动,所有的人必将处在危机之中。

我们先来看一下第一个故事中两个主人公的可爱之处:

从经济学的角度看,货币不过是人们交换劳动产品的一个媒介,尤其是纸币,它本身是没有价值的。那个藏金块的人是一个爱钱的人,他把金块当作了财富的象征,这是无可厚非的,但他忘记了作为"钱"的黄金只有在商品交换的时候才能体现出它的价值,只有在周转中才能发出它财富的光芒。假如这位老兄一辈子不丢失这块黄金而是把它带入坟墓中,这和他这辈子没有这块黄金又有什么区别呢?钱失去了周转,不仅不可能增值,而且失去了存在的价值,那么和藏一块石头,确实没有什么区别,这就是藏金块者的可爱之处。那位劝慰者,从某个角度来说,他的话不近人情,对被劝慰者来说甚至有些残酷,但从经济学的角度来说,却颇有一番道理。如果藏金者能够把黄金作为资本,合理加以运用,那他一定会赚取很多的钱,而不是埋着个"大石头"。即使是个亿万富翁,如果他从思想上已不再愿意把钱用来生钱,不愿意把钱投入周转中,那对于他的事业来说,就像人体有了充分的血液，但心脏已坏死，不能再促进血液的循环一样，他的事业也会因静止不动而死亡。

不让钱转，就没钱赚，让钱生钱，钱财自然滚滚来。资金只有在不断反复的运动中才能发挥其增值的作用。经营者把钱拿到手里，或存起来，或纳入流通领域，情况则大不相同：把钱用于办工厂、开商店、买债券、买股票等，把"死钱"变为"活钱"，让它在流通中为你增利。其实，学过一点资本论的人都知道，流通增利的奥秘在于钱财能够创造剩余价值。一个简单的道理，用货币去购买商品，然后再把商品销售出去，这时所得到的商品中已包含剩余价值，也就是说，原来的货币已经增值了。假若经营者能够出色地管理好自己的工厂，办好自己的公司，看准炒股的时机……一句话，正确的投资，让金钱健康地运转，时间越长久，钱财的雪球便越来越大，钱生钱，让自己手中拥有的钱变为一棵摇钱树。

也许会有人反对上述把钱用于投资，让钱生钱的阐述，他们或许会认为储蓄能够使自己的财富四平八稳地增值。是的，储蓄固然保险，但我们审视一下，这个世界上，有哪个富翁是靠储蓄起家的。想要致富的人，千万别指望靠储蓄来致富，唯有让钱生钱才能让你真正致富，尤其是在当下的中国，人们正处在一个负利时代，储蓄的利息低于物价上涨的水平，也就是说，把钱存在银行，实际是在赔钱。试问一下，当你知道死储蓄让你一天比一天贫困，你还会觉得安全吗？

【财富箴言】

编者：合理的理财，让钱生钱，钱财必然产生滚雪球的效应，滚滚而来，让钱为你赚钱，这正是生财之道。

3.投资理财，要赚钱而不是赔钱

第一则中的第 5 节"伯克希尔——股神巴菲特叱咤股市的奥秘"中的财富解密，有这样一段话——这是巴菲特经常被引用的一句话："投资的第一条准则是不要赔钱；第二条准则是永远不要忘记第一条。"因为如果投资 1 美元，赔了 50 美分，手上只剩一半的钱，除非有百分之百的收益，否则很难回到起点。

在此，先和大家分享一下一个有关投资理财的寓言故事：从前有 4 个人在沙漠中迷路了，他们是"固执者""马大哈""贪心者""聪明人"。4 个人几天没有喝水，生命岌岌可危。这时上帝给了他们 4 个杯子，并承诺给他们一场雨。用杯子接着雨水，就能渡过难关。但是这 4 个杯子一个是完整无缺的，两个是有半杯脏水的，还有一个杯底是漏的。这时雨下来了。"固执者"拿到了完整无缺的杯子，但是他不习惯喝雨水，干脆把杯口倒扣过来，不去接雨水；"马大哈"拿到了没有底的杯子，他也没有注意，结果一滴水也没得到；"贪心者"拿到其中一个盛着半杯脏水的杯子，但他舍不得把脏水倒出，而是直接接水混着脏水喝了下去，结果中了毒；"聪明人"也拿到盛着半杯脏水的杯子，但是他首先把脏水倒掉，再接雨水，活了下来。

如果你是其中一个人，大家都会选择聪明人的做法。但这只是生活上的常识，而这个寓言故事旨在告诉人们基本的投资理财常识。在投资理财方面，"固执者"大多会选择储蓄，认为风险较小，而不愿尝试新的理财方式，导致手中的资金不能很好得到升值，也不能很好地加以利用；"马大哈"随手花钱，不懂得管理自己的资产，以至于囊中羞涩，甚至负债累累；"贪心者"学会了投资理财，但是他不愿意及时清理手中的不良资产，导致新投入的资产也被拖累变成了不良投资；只有"聪明人"懂得如何清理掉不良资产，同时接受新的投资理财方式，让资产不断保值、增值。

这则寓言故事可以帮助我们了解投资的基本常识、基本方法、基本思想，值得每个投资理财者深思之。故事的道理很简单，但我们在投资理财时却常常忽略它，甚至做了"固执者""马大哈""贪心者"同样的行为。

【财富解密】

投资理财可分为个人投资理财、家庭投资理财和公司/机构投资理财等。无论哪一种投资理财，其目的是基本一致的，即通过对所有资产和负债的有效管理，使其达到保值、增值的目的。投资理财不仅是一门学问和艺术，而且是一门需要用心把握的学问和艺术，是一种生活习惯和方式。

投资理财不等于简单的攒钱、存钱，把钱放在银行里，也不等于简单的炒股（股票买卖）。投资理财是根据需求和目的将所有财产和负债，其中包括有形的、无形的、流动的、非流动的、过去的、现在的、未来的、遗产、遗嘱及知识产权等在内的所有资产和负债进行积极主动地策划、安排、置换、重组等使其达到保值、增值的综合的、系统的、全面的经济活动。前者只是投资的一种具体行为，充其量为现金的使用。作为投资理财一部分的现金管理要比它复杂得多，也难得多。

投资首先要量力而行，做自己能够把握的。投资对外是和交易对手、市场做博弈，对内是对自己人性的一个挑战。比如，在人们炒股时，从"行为金融"看，股价波动是正常的，影响你投资回报更主要的是来自你内心的波动。很多人赔了很多还是不懂，只是等着股票自己涨回来。虽然，根据价值原则，肯定会有一天涨回来，但是你要考虑时间成本。面对市场很多人都是"被动"的，因为人们没有一套完整的逻辑，所以不清楚市场的真实面貌。要知道，投资是动态的，不同时期要根据不同市场环境做必要的调整，被动地死守从长期来看获得基准回报的概率都很低，更不要说超额回报。

我们先来对比一下"马大哈"和"聪明者"的做法：在现实生活中，"马大哈"或许是一个能赚钱的人，但他却不是一个好的理财者，当"雨水"这笔财富来临的时候，他却把它赔了，不懂得管理自己的资产，他让赚钱没有了意义，因此也不可能致富；而"聪明者"不仅不赔钱，而且能赚钱——清理掉不良资产，同时接受新的投资理财方式，让资产不断保值、增值。下面，我们就来解密作为平民百姓在个人投资理财时，如何做到赚钱而不赔钱：

一、个人资产分析

1.什么是个人资产分析：个人资产分析就是弄清楚自己（个人或家庭）的资产状况，摸清楚自己到底有多少家产（即个人净资产值是多少）。

个人净资产 = 个人资产总值 – 个人负债总值

个人资产总值 = 流动性资产 + 投资性资产 + 使用性资产

个人负债总值 = 短期负债 + 长期负债

2.流动性资产：是指现金、活期储蓄、短期票据等能及时流通使用、兑现的货币或票据。

3.投资性资产：是指长期储蓄、保险金、股票、债券、基金、期货等以保值、增值为目的的投资性货币或票据。

4.使用性资产：是指住宅、家具、交通工具、书籍、衣物、食品等以使用为目的的各类物品。

* 以保值、增值投资为目的的房产应属于投资性资产。

* 以保值、增值投资为目的的收藏品也应属于投资性资产。

5.短期负债：是指一年内应偿还的债务。

6.长期负债：是指一年以上偿还的债务。

7. 个人资产负债率：（个人负债总值 ÷ 个人资产）×100%

8. 如何把握个人资产负债率：

A. 根据自己的收入水平，个人的收入负债比有多大，当收入与负债比超过一定范围时，应该引起注意，适当减少一些个人债务，以免造成一定的债务压力。

B. 根据债务的偿还期限、偿还能力，尽量将自己的债务长、中、短期相结合，避免将还债期集中在一起，致使到时自己无能力偿还。

C. 根据债务的用途、收益，高风险投入的债务以少为好，有稳定收益的可以多借些，没有收益的消费性借债以长期为好。

二、个人收支分析

1. 什么是个人收支分析：个人收支分析就是弄清楚个人（家庭）的平时收入与开支情况。

2. 个人收入：（指平时每月收入）个人收入＝月工资、奖金收入＋长期储蓄存款利息＋个人投资性收入＋其他收入

3. 个人支出：（指平时每月开支）个人支出＝日用支出（食、住、行）+ 常用支出（家居、衣物、书籍等）+ 备用支出（教育金、医疗保险、养老保险等）+ 其他支出

4. 个人收支损益：个人收支损益＝个人收入－个人支出

5. 个人收支损益平衡的控制：

A. 增加收入的来源和渠道，即"开源"。

B. 减少盲目消费和不合理消费，即"节流"。

三、理财目标分析

1. 什么是个人理财目标：个人理财目标就是在一定期限内，给自己设定一个个人净资产的增加值，即一定时期的个人理财目标，同时有计划地安排资产种类，以便获得有序的现金流。

2. 个人理财目标的分类：

A. 按时间长短：短期目标(1年左右)、中期目标(3—5年)、长期目标(5年以上)

B. 按人生过程：

个人单身期目标：开始工作到结婚之前

家庭组成期目标：结婚到生育子女之前

家庭成长期目标：子女出生到子女上学之前

子女教育期目标：子女上学到子女就业之前

家庭成熟期目标：子女就业到子女结婚之前

退休前期目标：退休以前

退休以后目标：退休以后

3. 个人理财目标的制定：

A. 要适合自身的条件(自己所处的社会地位、经济状况、日常收入、家庭、子女等)。

B. 要符合自己人生各个阶段的要求。

C. 要长、中、短期目标相结合。

4. 个人理财目标的内容：时间明确、数字具体。

5. 个人理财目标的修正：个人理财目标制定好后，不是就一成不变了的，而应根据实施的情况、具体的环境背景，适时地做相应的调整，以达到最切合自身实际的要求。

最好每隔一段时间(如一年)，对自己原来所制定的理财目标进行一次修正。

6. 如何具体制定个人理财目标：

根据每个人自身条件和不同的人生经历，合理制定短、中、长期理财目标。

四、理财计划分析

1.什么是个人理财计划：个人理财计划就是当个人理财目标制定好后，应根据目标制定相应的个人理财计划和实施步骤。个人理财计划即是理财目标的细化、理财投资步骤的落实。

2.个人理财计划的制定：

为达到个人理财的目标，在理财计划中，要明确各个理财投资步骤和投资工具。

A.在个人理财投资计划中，可以是只有一个投资步骤、用一种投资工具：

理财投资开始 > 一种投资工具 > 实现目标

B.也可以有几个投资步骤、用几种投资工具：

理财投资开始 > 第 1 种工具 > 第 2 种工具 > 第 3 种工具 > 第 4 种工具 > 实现目标

C.也可以同时有几个投资步骤、用几种投资工具：

理财投资开始 > 第 1 种工具 > 第 2 种工具 > 第 4 种工具 > 第 7 种工具 > 实现目标

第 3 种工具 > 第 5 种工具 > 第 8 种工具 > 实现目标

第 6 种工具 > 第 9 种工具 > 实现目标

只有准确地判断投资理财环境，才有可能较好地使用投资理财工具，投资理财是一门综合性较强的实用科学。

3.个人理财计划的实施：

对于每一个理财投资步骤都去认真地实施，不要轻易地终止或改变。

4.个人理财计划的修改：

根据理财计划实施情况、理财目标的实际性、自身条件、周围环境的变化对个人理财计划做相应的修正。

5. 个人理财计划的具体制定：

应根据每个人的理财目标和自己操作能力具体制定。(摘自 CFP 在中国)

个人投资理财方面应该注意的事项：

1. 学会节流。工资是有限的，不必要花的钱要节约，只要节约，一年可以省下一笔可观的收入，这是理财的第一步。

2. 做好开源。有了余钱，就要合理运用，使之保值、增值，使其产生较大的收益。

3. 善于计划。理财的目的，不在于要赚很多很多的钱，而是在于使将来的生活有保障或生活得更好（所以说理财不只是有钱人的事，工薪阶层同样需要理财），善于计划自己的未来需求对于理财很重要。

4. 合理安排资金结构，在现实消费和未来的收益之间寻求平衡点，这部分工作可以委托专业人士给自己设计，以做参考。

5. 根据自己的需求和风险承受能力考虑收益率。高收益的理财方案不一定是好方案，适合自己的方案才是好方案，因为收益率越高，其风险就越大。适合自己的方案才是能达到预期目的，风险最小的方案，不要盲目选择收益率最高的方案。

【财富箴言】

编者：投资理财要管理的不仅是你的净资产而且还包括负债，但做投资时最好不要借钱投资，特别是高风险的金融类投资，就是其他风险较小的投资也要严格控制你的资产负债率。

投资理财是财富积累、风险防范和资产最大化增值的过程，同时也是自身加强学习和提高能力的过程。

理财是个人生活中不可缺少的部分，贯穿一个人的一生，特别是开始工作以后，不管是生活压力所迫还是为自己未来着想，每个人都会自觉不自觉地进行理财，只不过你可能没有很认真地进行过总结使之系统化、理性化。作为一名想致富的平民百姓更应该主动理财。

理财不是简单的节俭储蓄或投机行为，也不是富人或高收入家庭的专利，越早开始理财越是有意想不到的效果。

4. 学会发现生活中的隐形财富

让我们一起来品味一下下面两个大学生创业的故事：

做旧书也有好"薪"情

张雪宁大学毕业后进一家工厂上班，结果不到一年就因为不适应按部就班的工作，而被炒鱿鱼。她一气之下，下海经商。但由于资金不足，她只能暂时做旧书生意。

张雪宁特别喜欢阅读，课余时间经常泡在图书馆和书店里。在书店里待久了，张雪宁就发现，许多二手书店通常是将人家卖不出去的书籍抱到店里来销售，却忽视了顾客究竟要什么读物。而随着图书市场格局的变化，现存的正规旧书店已为数不多，无形中导致旧书业的现状已无法满足市场和读者的实际需求。加上近年来纸张价格飞涨，包装精美的新书更是价格不菲，这无疑给二手书市场留下了巨大的交易空间。

张雪宁认为，时下做什么生意都要讲定位，而做旧书生意的定位就在于——业精于专。根据现实情况，她打算主营社会、科学、文学类书籍，从而形成自己的特色。换言之，面对五花八门的图书市场，经营者绝对不能"贪"，面面俱到是经营旧书的致命弱点。有了定位，张雪宁收购旧书时就心中有数了。她首先看书的内容，其次是出版社。

"业精于专"同时显现了另一个优势。旧书业作为一种文化消费模式，具有特殊性，买者素质高，成交量也高，而主营财富、金融类书籍的旧书店，其前来捧场的顾客的文化素养可想而知。要做到业精于专，对书店老板也是一种挑战。经营者要有文化素质、有品位，这样才能收购到高质量又好卖的旧书，才不会使一本绝版好书总是垫压在箱底下。张雪宁曾收购到100多本财富类书籍，没几天就被大学生抢购一空。

书店开张没多久，为增加有效的交易渠道，张雪宁还开设了网上交易以便于与同行交流。现在，张雪宁的网上书店交易量已占到书店业务总量的15%。此外，张雪宁还销售一些基本不盈利的书籍，这样做可稳住老客户、争取新顾客，从而带动其他生意。

增设"寄售"业务，是张雪宁的新招。这一招则充分站在顾客的立场，也宣扬了书店的诚信之本。此项业务主要面对那些有书却不愿贱卖的顾客，他们希望手上有价值的旧书能像字画一样寄在店里由老板"代销"。"代销"成功，老板收点"代劳费"。小小的二手书屋如此这般经营了一年，现在张雪宁的书店每月有3000元的纯利。

山里货也能受欢迎

何志峰大专毕业后，一直找不到合适的工作，在A市辗转一年多，身上积蓄所剩无几，就在他走投无路，准备回到山区老家时，他发现了商机。在这一年里，他因为找工作，足迹遍布A市，自然也看到无数小商贩摆摊做生意。在这期间，他发现城里人很喜欢山里的土特产。于是，他想到将老家那些纯天然的山货运到A市来销售。何志峰打定主意后，先是带了一小部分品种来到A市"探路"，结果大受欢迎。原因是这种无污染的山货，正是追求生活质量的城市居民最为喜欢的。

尝到甜头后，何志峰立即在家乡找了几个帮手。他亲自回到山区组织货源，并在A市租了一个20多平方米的门面，专门销售农家山货。没多久，何志峰又将小店一分为二,一边为批发部,一边为零售部。为充分利用店里的空间,他又在靠门道的位置卖起了山里的苦凉茶。用何志峰的话说,这叫全方位发掘资源。他将半成品都堆放在店里,拿来烧成茶水卖,利润就提高了十多倍。这些苦凉茶品种有金银花、野菊花、凉茶叶……几乎全是山上野生野长的。

开始时,何志峰还担心这种难登大雅之堂的苦凉茶在城里卖不动,不想一经推出就大受欢迎。顾客反映,这种山里的苦凉茶虽然味道苦些,喝起来不如现代流水线生产出来的茶口感好,但原料地道正宗,在炎炎夏日里饮用真正能起到清热解毒的作用。而且每杯1元的价格,顾客都说"实惠、物有所值"。

接着,何志峰招了两名帮工,一副放开手脚大干一场的架势,一边卖山货,一边卖熬好的苦凉茶。初次创业的何志峰,在短短一年时间里,居然靠卖山货与苦凉茶赚到了10万元。

【财富解密】

这是两个关于创业的故事,我们在这里想和大家一起从另一个角度来解读这两则故事:作为一名想致富者,需要善于发现生活中的隐形财富,赚取别人还没发现的财富。

张雪宁从事旧书业,在很多人看来,那是一个没有油水的行业,更何谈靠做旧书生意致富,但张雪宁没有这样想,她抓住了现在许多二手书店忽视了顾客究竟要什么读物这一隐形财富深挖,最终创业成功;何志峰看到了山里货到城里卖所蕴藏的隐形财富,靠卖山货与苦茶赚到了10万元。

发现生活中的隐形财富,意味着首先要能识别生活中的隐形财富,这包括两个部分:发现和评价、挖掘隐形财富两大方面。发现隐形财富需要多交朋友并经常与其沟通交流,这样有助于我们更广泛地获取信息;对工作和周边的事物加强细心观察;注意从互联网、新闻媒体中获取和筛选信息等，以便看到机会，发现隐形财富。这样的例子比比皆是：2003年泰格伍兹在英国公开赛首轮中发球后找不到球，丢球使他付出两杆惩罚的代价，而且找球也延缓了比赛进程。高尔夫雷达公司立即开发了一种电子小标签，可在制造过程中将其置于高尔夫球内，从此，高尔夫球手可通过手持装置在几秒内确定自己所开出球的位置，高尔夫雷达公司也因此大赚一笔；1997年6月28日在拉斯维加斯举行的 WBA 重量级拳手争霸战比赛时，挑战者泰森竟猛然向霍利菲尔德的耳朵狠咬一口。一个巧克力公司立刻推出耳朵形的巧克力，立即大卖。这些都是善于发现隐形财富的案例。

评价、挖掘隐性财富则相对更具策略性一些，因为这里涉及资金等的投入，具有风险性。在此，我们可以学一下何志峰的做法：先投石问路，确定自己发现的商机确实为隐形财富后再行动不迟，我们可以先做一下前期调查或者少量投入一探虚实，评价隐形财富，避免损失；另外，我们在挖掘隐形财富时，需要做好细致、科学的准备，张雪宁的成功，有一大部分原因在于她科学分析了旧书市场，准确定位，把旧书市场的隐形财富挖掘了出来。

有时，我们发现的隐形财富是别人还没有发现的商机，也就意味着还没有竞争者，可以使人在"出其不意"间富起来。所以，想致富者，需要学会发现生活中的隐形财富。

【财富箴言】

编者：有人因为发现每一朵玫瑰花下面都有刺而黯然神伤，有的人却因为发现每颗刺上面都有玫瑰花而欣喜不已。发现生活中的隐形财富，有时需要的只是换个角度看别人看不到的风景。

识别生活中的隐形财富，首先需要的是发现，其次是评价，最后才是挖掘。

5. 80后的我们，买房 PK 租房

现在的房子价格就一个字：贵！面对居高不下的房价，买房还是租房，对80后来说是一个令人纠结的问题。在中国，对很多年龄往30岁上赶的"80后"来说，房子是横亘在他们面前的第一难题。在这一难题下，"房奴""蚁族""裸婚""蜗居"等形象而沉重的新名词与其代表的社会群体在社会出现。那么，80后的我们究竟是选择买房还是租房？

搜房网的"热贴吧"对"80后"究竟选择租房还是买房这一热门话题进行了网络讨论，下面是摘选的一些网友观点：

买房族：自己买房更踏实

"天堂"：房子还是要买的，租的感觉总不踏实，房子永远是人家的，说不定哪天房东不高兴了就赶你出门，这个事情也不是没有发生过。再说现在杭州租房也不便宜，每个月的房租自己再加点也可以付按揭了。

"水果王"：我觉得因人而异。我自己喜欢有房子，哪怕小点。当然目前房价高得离谱，也不能不进行比较，要看自家实力，不要跟风，买了高端住宅之后，生活质量下降，该买的东西都不敢买了，想实施的计划都搁浅了，这没必要。

"My house"：租房还是买房，一定要在分析通胀预期和房产走势后果断抉择。如果认定房子和物价的总趋势是上涨的，那么长痛不如短痛，哪怕砸锅卖铁，借遍亲朋好友，也要及时出手买房。为什么？假设你今年买房缺10万，省吃俭用把工资存银行，你会发现，到了明年还是缺10万，到了后年说不定添10万也买不起原来想买的房子了。从目前状况看，80

后吃这种后悔药的概率极大，经过努力有能力买房的一定要尽快出手！

"幸福的凉夜"：作为应届毕业生，我很幸运在杭州找到了工作，于是顺理成章地租房子住，可怎么说租房也是不及家里舒服、温馨的。下个月打算搬回家里住，即使每天坐3个小时的公交车我也愿意。如果以后结婚，也一定要买房子的，不喜欢租房子到处搬来搬去，感觉像流浪，居无定所。

"苦瓜"：我支持买房：1.有套属于自己的房子，有归属感；2.可以随意装修、买家具；3.不用忍受房东催缴房租、搬家等；4.孩子可以就近入托、入学；5.将来可以出租、转让，当作家庭的保值资产。

租房族：让生活变得精彩起来

"chapi"：作为80后，都是刚参加工作才不久，除非家里条件特别好能给予资助，一般都很难有能力去购买商品房。如果想要有一定生活质量，还是先租房好。租房经济压力小，更不必在楼市火热之时去接最后一棒。省下来的钱可以去投资、休闲，照样很舒服。年轻人不确定因素较多，可能会经常调换工作，如果在还没稳定下来就匆匆买房，以后上班和生活路途遥远，对生活质量也有很大影响。其实很多人急着买房只是个观念问题，在国外租房反而比买房更普遍，所以如果房子合适方便，还是先租房，等有了稳定的收入以后再买房。

"hz0929"：谁不想在城市里有套属于自己的房子啊，可是80后的我们一般事业才刚刚起步，工作性质也不很稳定。和买房相比，租套房子可能更划算。贷款买房，等于是在为银行和开发商打工，天天担心有特殊的事情花费，每月都要为月供发愁，整个人都被金钱和房子奴役住，这种生活真的很累，精神压力也太大了。

"常青树"：我支持楼上那位的想法，租房相比贷款买房还有最重要的一条理由应该是，租房费用是分期支出的，即时的经济压力会更小，而且相比贷款还减少了一大笔利息支出，这些节省下来的钱可以用来投入到学习和旅行，以提升家庭发展的综合潜能。

"原筑壹号"："蜗居"是当代都市之痛，但我们为何不能换一下观念，走出"蜗居"呢？其实人人买房并不现实，与其买房背上沉重的锁链和镣铐，还不如租房居住解放自己，让生活变得精彩起来。

"搞笑"：我觉得还是租房好，像那些房奴，担心房子质量不过关，不能顺利交房、拿到房产证，小区环境、物管不符合自己期望，担心房价下跌，担心小区治安、邻居人品，去外地就学、工作，房产处置很麻烦等问题。所以还是租房省事多了。（来源：搜房网）

【财富解密】

关于80后买房还是租房，真可谓公说公有理婆说婆有理。事实上，在房价不断上涨的当今社会，究竟是选择买房还是租房完全凭借个人经济承担能力而定，并没有唯一定论，我们需量力而行作出选择。

首先，编者在此说明一点：对于一些"家底"雄厚的人，当然是买房没商量；对大多数的80后而言，当买房是一个奢望时，租房应是不二选择，此时的租房应该明白一点，当下的租房是为了最终的买房，拥有自己的一套房子，一个温暖的窝，是我们在这个问题上的最终选择。

随着房贷的紧缩，利率的提高，对于当前的房贷政策和某些房贷优惠条件，理财师为80后的购房者进行了详细的分析：首先，购房者需对自己的财务状况进行一个详细的分析，其次再根据个人的承受能力选择租房还是买房。

假设一个人购买了套首付30%的房子，需向银行贷款35万元，那月供是2000元左右，还款30年；而在北京市四环内租一套两居的房子，一个月也需要支付1500元左右的房租，并且月供占自己工资的比例低于50%，"那么，该类客户就完全可以考虑买房了，因为买房和租房并没有对购房者的经济支出造成太大改变,购房者最后还能拥有一套属于自己的房产,而租房永远都是住别人的,钱等于白花。"也就是说,当租金与月供相差不大时,我们建议可以购置住房,相反,如果二者差额过大,建议还是租房,用买房的钱理性投资未来。某商业银行理财师表示,这类购房者,每年可能还有一定的年终奖可以提前还贷,这样时间越久就可能压力越小,越还越轻松;而租房住的概念就完全不一样了,因为随着时间的推移,房租只会随着物价上涨而越来越高,但年轻人的收入增长未必能有房价与租金的上升快,长此以往压力则会越来越大。

而对于每个月两三千元收入的年轻人来说,每月一千余元的房贷占到收入的50%,足以将生活水平拉至低端。仅靠每月有限的收入加上银行贷款,背负着数十年的还贷压力挣得一套房,成为房奴,生活会很幸福吗?反而,数十年的还贷压力拖累着整个人生规划与发展。几十年后,除了每月固定给银行还贷以外,拥有的仅仅是用数十年宝贵青春换来的一座逐渐老化的空宅。此时,与其贷款买房,不如理性投资未来。用自己的努力获取创业投资回报,还愁买不起房吗?就是买豪宅也可能成为现实。很明显,在房价高不可及的阶段,租房无疑比买房更省钱也更合适。

所以当80后的我们在做买房还是租房这个选择题时,需要先对自己的财务状况做一个详细的分析,其次再根据自己的承受能力选择租房还是买房。

【名词解释】

编者:房奴——城镇居民抵押贷款购房,在生命黄金时期中的20—30年,每年用占可支配收入的40%—50%甚至更高的比例偿还贷款本息,从而造成居民家庭生活的长期压力,影响正常消费。购房影响到自己教育支出、医药费支出和赡养老人等,使得家庭生活质量下降,甚至让人感到奴役般的压抑。

裸婚——不买房、不买车、无婚礼、无婚戒……无论它是和全球经济大背景相关，还是和现代人对自由和减压的向往搭边，"裸婚"实实在在地存在着。

6. 钱要放在哪里？银行、保险柜 VS 其他

当你有钱了，把钱放在哪里？银行、保险柜里，还是其他地方？这是一个问题。

让我们一起来看一个真实的故事：小 C 和小 D 同一个村，二人都出身贫寒。20 世纪 80 年代时，由于家里无法供给学费，二人上完初中便赋闲在家。小 C 是一个有志气的人，立志要改变家庭的窘境，他先后在家乡做过小生意、下过井、开过店，但由于没找对赚钱门路，缺乏专业知识，家乡贫穷，没有市场等原因，小 C 一直没能实现自己致富的梦想。小 C 本想得过且过，就这么过一辈子算了。但是不久，小 C 恋爱了，一日，小 C 将女友带回家中。女友仔细打量了小 C 家的旧瓦房，叹了口气，什么话也没说就走了。不久，女友就提出分手……

小 C 深受刺激，收拾行李，投入南下的队伍去了深圳。他在深圳，进行手工艺品的倒卖活动，从中赚取差价……小 C 十分努力，不久就发了一笔小财，赚了 12 万，风光回家，成了当时小村里最有钱的人。在当时的小山村，12 万不是一笔小数目。小 C 用其中的 3 万元盖了房子，2 万娶了老婆，受以前贫穷经历的影响，其余的 7 万元被他存了起来。随着时光流逝，这 7 万被逐渐花光了……现在的小 C 已到了知天命的年龄，生活很平淡，甚至有些拮据。小 C 曾富裕过，但他现在为何还是那样的拮据？

让我们再来看一下同村的小 D，他当时和小 C 一起下海经商，赚取了

6万元返乡。后来，他先是抓住国家支持开办乡镇企业的机会，在国家支持下，开办了一个煤矿，他的企业一步步发展壮大，发展为当地最大的企业，小D另外还把自己赚取的钱又用来购买政府债券、基金，最近，他又投入到房地产产业……另外，他还抽出一部分资金用来支持家乡的建设。现在，小D是当地最有名的富人，资产达到上千万。

 【财富解密】

在上面的财富故事中，我们发现，小C和小D在致富道路上，曾经有过同样的起点，但最终的结局是小C又回到了起点，拮据一生，而小D最终成了一名远近闻名的富翁。

这则故事启示我们，在致富的道路上，赚钱重要，把赚取的钱放在什么地方也同等重要。钱不能只放在银行、保险柜里，更重要的是要把钱用来投资，正如我们在前面所说，以钱生钱，钱财自然滚滚来。把钱放在什么地方，这不仅是一门学问，更是一门艺术，下面，我们就结合当前经济情况说明应该把钱放在什么地方。

一、想致富，不要把钱放到银行、保险柜里。

2010年中国11月CPI（消费者物价指数）为5.1%，而同期银行存款利率最高的5年期仅为4.2%，相差0.9个百分点，也就是人们说的负率，即存款实质上随物价上涨不但没保值，反而是缩水的。以2008年为例，当时我国全年CPI指数为5.9%，银行存款利率为2.25%，实际利率为-3.65%，1万元按5%的物价指数：10年后值6139元，30年后值2314元。所以，不要把赚到的钱长期存入银行，钱存银行短期内或许最安全方便，但长期却是最危险的放钱方式。把钱放在保险柜里，这相当于没有钱，显然是不可取的。

二、想让钱保值、增值，就把它放在保险的理财产品中，这是保险稳定之选。

1. 在众多银行的人民币理财产品中，有一些风险相对较低的理财产品可供选择。笔者在此向大家推荐两种信贷类理财产品。"稳得利"面向个人客户发行，到期向客户支付本金和收益的信托投资类低风险理财产品，是非保本型的产品。三个月和半年期的预期收益率分别为 2.1%、2.8%；而一年和一年半期的到期收益率能够分别达到 3.5% 和 3.8%。"招银进宝之贷里淘金 47 号理财计划"的期限为 3 个月，预期收益率为 2.35%，半年期和一年期的预期收益率能达到 3.3% 和 4%。

2. 买黄金。黄金 20 年来涨幅才 3 倍，是全球涨幅最小的资产，主要是因为金本位的地位没有了，实用价值又不大，但这东西在发生危机的时候又往往让人们想起它的货币价值来，笔者认为，美元现在这么乱发行，总有一天会出现恶果，金本位在人类历史被废除了 3 次，结果还是都回来了，当然这个时间谁也讲不定，我仅从它的供给缓慢和未来可能出现的大规模需求来看，可能是要涨的（张卫星说，全球人均黄金才 1 盎司，中国是 9 个人 1 盎司）。购买理财产品，投资者需要研究它的风险点，了解风险发生的概率大小，同时考虑风险承受能力，不能盲目去追行情。在流通性充裕、通胀预期存在的情况下，利率政策变动将给投资者带来一定的风险。另外，提前终止风险也是投资理财产品时不可忽视的问题。产品合同上的是否"保证收益""保证本金"也是需要投资者慎重关注的。

三、不断把钱用于投资，这才是致富的根本之道。

把钱用于投资自己的事业、证券市场、房地产。笔者在此申明，没有良好的风险承受能力者，把钱用于证券市场和房地产，要小心谨慎，投资领域有条不变的定律：投资的收益和风险成正比。投资是资本和知识的聚集，但获得这种知识需要大量的资金和时间。很多成功的投资者在成功之前都失败过多次。要知道，最宝贵知识只有在犯错中才能学到。

投资自己的事业，首先意味着对自己投资，把钱用于帮助学习，在自己想要发展的领域不断加强专业知识的学习；其次，想方设法把钱用于促进自己事业的不断发展。

【财富箴言】

编者：银行的功能是为不善理财者提供存钱的地方，好让善于理财者利用这些钱去投资赚钱。钱存银行短期内最安全方便，但长期却是最危险的方式。

普通老百姓要跟上时代步伐，学习一些理财的方法。

如果您指望靠银行存款或国债来养老，恐怕工作到 70 岁都不够，因为他们的收益连通货膨胀都抵不上，等于这些储蓄无时无刻不在贬值。

——原财政部部长项怀诚

7. 如何最大化自己的财富

让我们一起来看一下一篇来自泉州网《东南早报》的文章，论述的正是我们接下来要和大家阐述的：如何最大化自己的财富。

《"2006 海峡西岸财富论坛"：实现财富最大化》（早报记者郭华萍／文邱用法）

如何让事业发展蒸蒸日上，让家族财富源源不断，这是所有财富人士当下关心的核心问题之一。昨日召开的"2006 海峡西岸财富论坛"上，资深的理财专家给出了答案：通过合理的资产组合，实现财富的最大化。

本次活动由东南早报、泉州市青年商业联合会、泉州台商企业协会等单位主办，厦门金都特房置业有限公司、福建省鞋业行业协会、泉州市经理人俱乐部等单位协办。

持有期影响风险收益

论坛一开始，理财专家、宝盈基金公司总经理陆金海就指出了资产与财富的不同。他认为，资产包括了负债与权益，是可以随着时间而消亡的，而财富则是可以持续产生收益的资产。

"财富的增长不等于资产的增长。"陆金海指出，比如一个人的负债增多，但其实资产并没有增长，但可以通过降低消耗类的资产，增加资源类的资产，来提高资产的复利增长。

陆金海说，不同的资产的收益和风险是相关的，而且"收益与风险也是相匹配的"。对于不同的资产，持有期的长短带来的风险收益是不一样的。如果是固定收益与权益类的投资收益，持有期越长，风险收益可能越低。短期的波动性是长期收益的根源，不同的持有期，同样的风险偏好，可以根据理财需要投资不同的资产。

风险管理可改变资产

虽然资产的收益和风险相挂钩，不过陆金海认为，通过控制风险，可以改变资产，主要就是控制高风险资产在总资产中的比例。

陆金海举例说，比如一个人有1000万元的高风险资产和1万元的低风险资产，那么高风险资产只要下调10%，那么这个人的资产立刻"缩水"了100万元，但如果是1万元的低风险资产，即使是下调100%，也只是"损失"1万元而已。所以，应该在进行资产组合时，就对风险进行控制。

不过陆金海特别指出，运气并不代表个人风险控制能力，因为运气是不可复制的。

财富最大化是复利增长

陆金海认为，制约一个人发展创造的就是稳定的、持续的现金流，也就是能够运用的资产。不同的人，根据自己的实际情况，会有自己不同的理财目标，即想达到的效用。而通过资产组合，则可以达到财富最大化。"财富的最大化，就是财富在长期内可以实现复利的增长。"

陆金海认为，资产的组合应该按照一定的顺序持有，包括现金、银行存款、不动产投资、权益类证券投资（如基金、股票）、固定收益投资（各类债券）。

【财富解密】

理财策划是目前的热点话题，尤其是随着证券市场的火爆，各式各样的投资理财话题充满报刊版面。如何为自己理好财，使自己的财富达到最大化，实现财务自由，相信大家都在跃跃欲试。

理财针对的是人的一生而不是某一阶段，它包括个人生命周期各个阶段的资产、负债分析，现金流量预算和管理、个人风险管理与保险规划，投资目标确立与实现，职业生涯规划，子女养育及教育规划，居住规划，个人税务筹划及遗产规划等各个方面，涉及现有及未来的财务资源，最终目的是达到财务自由。为自己做好理财策划，主要包括以下几个方面：

根据自身现有的资源以及合理预期的将来收入，确定自己所要达成的理财目标是进行理财策划的第一步工作。理财目标必须具有可以用货币精确计量及有实现的时间这两个特征，例如5年购买一套30万元的房子。理财目标可能会有多个，例如购车、育儿、养老等。在多个理财目标之间进行合理的资源分配，有利于理财目标的顺利达成。一般来说，对于养老等长期目标，如果优先配置现有资产，将取得最佳的复利增值效果；如果预期将来收入有较好的提升，也可以将现有资产配置在中短期目标上，长期目标以将来提升的收入来增加投资实现。

合理设置资产负债比例，增加财务风险防范构建起安全的财务体系是理财策划的基本要求。就犹如一艘在大海里航行的船，安全航运是最基本的要求，优先考虑的不是它能多快到达目的地，而是如何保障船能平稳航运不至于翻船。不举超过偿还能力的债务，保留好家庭应急预备金，购买人身及家庭财产保险，是保障家庭财务平稳运行的可采取措施。进行配置资产长期投资是达成理财目标的主要方法。在确定了理财目标之后,需要构建一个投资组合来实现目标。即把现在的资产及将来的收入投资在不同的实物资产或金融工具上,以及同种实物资产或金融工具的不同个别产品上,以实现特定风险基础上设定的收益水平,或在特定的收益水平上尽量降低风险。这就是目前广受投资专家们推崇的观念和做法——资产配置。单一投资工具很难满足个人对资产流动性、收益性及风险承受能力等方面的需求。据统计,影响投资绩效的原因中,资产配置占了85%—95%,选择投资时机和选择具体的投资品所占的比重非常小。理财是一生的财务管理过程,注重的是长期的平稳收益,稳定性往往比高报酬更能保障理财目标的顺利实现。

对理财方案进行跟踪调整是理财目标实现的必要保障。任何制订好的理财方案都不可能是一劳永逸的,在遇到诸如成家、生子、失业、遗产继承等家庭重大变更事项或者经济进入新一轮的运行周期时,需要对原订的理财方案进行相应的调整。随着时间的推移和环境的变化对原订的方案不断进行动态调整和修正,才能确保理财目标的顺利实现。另一方面需要注意的是,理财注重的是长期的策略性安排,而不应是短期内随意改变方案或放弃原来制定的目标或方案,频频变动原订的方案也会适得其反。

【财富箴言】

编者:我们所拥有的财富是一个整体,我们用于各部分投资的钱是整体中的部分,我们只有合理地组合资产,才能实现财富的最大化,不良的资产组合,甚至会造成我们财富的损失。

8. 家庭理财，钱一定花在刀刃上

2010年温总理在政府报告中指出"优化财政支出结构，有保有压，把钱花在刀刃上"。"把钱花在刀刃上"这样的民间通俗化语言写入总理政府报告，笔者以为这是报告的一大精彩之处，从另外一个角度看，这说明把钱花在刀刃上的重要性。

故事1: 著名的船商、银行家出身的斯图亚特曾经有一句名言，他说："在经营中，每节约一分钱，就会使利润增加一分钱，节约与利润是成正比的。"

斯图亚特努力提高旧船的操作等级以取得更高的租金，并降低燃油和人员的费用。也许是银行家出身的缘故，他对于控制成本和费用开支特别重视。他一直坚持不让他的船长耗费公司一分钱，他也不允许管理技术方面工作的负责人直接向船坞支付修理费用，原因是"他们没有钱财意识"。因此，水手们称他是一个"十分讨厌、吝啬的人"。

直到他建立了庞大的商业王国，他的这种节约的习惯仍保留着。一位在其身边服务多年的高级职员曾经回忆说："在我为他服务的日子里，他交给我的办事指示都用手写的条子传达。他用来写这些条子的白纸，都是纸质粗劣的信纸，而且写一张一行的窄条子，他会把写好字的纸撕成一张张条子送出去，这样的话，一张信纸大小的白纸也可以写三四条'最高指示'。"一张只用了1/5的白纸，不应把其余部分浪费，这就是他"能省则省"的原则。

无论生意做多大，要想取得更多的利润，节约每一分钱，实行最低成本原则仍然是非常必要的。要知道，节约一分钱就等于赚了一分钱。节约每一分钱，把钱用在刀刃上，这应该是理财的基本要求。

故事2：一位母亲为了帮助儿女们更好地理解节俭的意义和"把钱用在刀刃上"，她收集了如下相关材料：

在美国，只有49%的家庭有100万美元以上的资产。许多人的收入应该使他们步入百万富翁的行列，但是他们住在豪宅中，缺乏基本的理财技巧。他们有巨大的收入、巨大的房子、巨大的负债，但几乎没有净资产。

迄今为止，在包括美国在内的各国学校里仍没有真正开设有关"金钱"的基础课程。学校教育只专注于学术知识和专业技能的教育和培养，却忽视了理财技能的培训。这也解释了为何众多精明的银行家、医生和会计师们在学校时成绩优异，可一辈子还是要为财务问题伤神；国家岌岌可危的债务问题在很大程度上也应归因于那些作出财务决策的政治家和政府官员们，他们中有些人虽然受过高等教育，但却很少甚至没有接受过财务方面的必要培训。

由于学生们没有获得财务技能就离开了学校，成千上万受过教育的人们获得了职业上的成功，却最终发现，他们仍在财务问题中挣扎。他们努力工作，但并无进展。这产生了所谓的理财态度——挣了钱后该怎么办？怎样防止别人从你手中拿走钱？你能多长时间拥有这些钱？你如何让钱为你工作？大多数人不明白为什么他们会身处财务困境，因为他们不明白如何支配金钱。一个人可能受过高等教育而且事业成功，但也可能是财务上的文盲。这种人往往比需要的更为努力地工作，因为他们知道应该如何努力工作，但却不知道如何让钱为他们工作。

【财富解密】

在本章第一节，我们已经提到理财的两个实质部分——开源和节流。开源就是要会赚钱，节流就是要会花钱。会赚钱之余，懂得如何花钱更是重要的一环。怎么才能做到"把钱用在刀刃上"呢？

（1）编制预算

编制预算应视为个人日常生活计划的一环，比如年内大型休闲旅游计划或一周内购物金额，花费多少都与你的生活计划和质量有关。

预算的编制也应注重实际可行性和弹性。比方说，如果每天三餐中固定一餐必须在外头吃，买一盒七八元的盒饭或上一趟小馆子，或吃一顿西式快餐，就有很大差别。但是也不宜把预算定得死死的，万一同事、朋友起哄要你请客,或者是碰到好朋友生日,你临时想起,超支也是不可避免的。因此,预算应有某种程度的弹性。

其次，预算的编制也要注意意外的开销。例如医药费等，虽然金额大小难定，但应在能力范围内列入意外开销，以免到了月底捉襟见肘。

除了个人的预算之外，如果你是一家之主，整个家庭的预算也应有所计划。通常整个家庭的预算以年、月为单位编制比较合适，不必太细碎烦琐。

预算虽然不一定百分之百地被执行，毕竟预算不是用来绑死你的钱包的工具；但是预算订了，并不表示已经达到节流。计划性消费的目的，如果你每个月花费超过或低于预算的20%—30%，就应该仔细评估一下你的预算是否编制得太宽松或太紧凑，逐步修正。

当然，修正预算不能成为你恣意消费的借口，否则就达不到预算的节流功能了。

（2）准确记账

每日记账才能落实预算的编制。不论平时家居或出门旅游，都不能忽略记账的重要性。有账目可查，预算才可能有效控制。

编制预算只是"节流"的构想，执行是否彻底应从每日、每月的记账本上自我检查。编了预算，势必要按实情记账，否则预算只是白编。记账的方式毋庸赘言，市面上出现的记账簿的样式有很多种类，大小都有；主要内容不外乎收入、支出、项目、金额、总计等五大要项。

另外一种简便的记账方式是保存购物的收据、发票，以及一些其他的购物凭证。除了搭车、上小饭馆等外，大部分商店都会把收据、发票给顾客，许多人习惯随手丢弃，或只是用来兑奖，其实发票记账最为省事方便。只是发票上通常只有金额，而没有项目，如果你要详细记账，分类标明支出，就必须另外整理。

（3）把钱花到"刀刃"上

谁都愿意少花钱多办事。花费同样多的钱，如果设计得当，就可以获得额外收益。额外收益越多，钱当然花得越值。

把钱花到点子上，就要注意几个效益：

①边缘效益。人们消费每一单位商品时，所带来的效用或满足感是不同的。比如，一个人吃蛋糕，吃第一块时感觉到香甜可口，心里特别满足；吃第二块时也感到不错；但吃第三块时可能就饱了，不想再吃了。因此，在进行消费决策时，应把几块蛋糕的开支分散到其他需求上去。比如，吃两块蛋糕，再看一场电影、买一本杂志等。花钱差不多，但效用却大大提高。

②要讲求感情效益。同样是添置衣物，倘若做父母的能在孩子上学前或生日时带着孩子一同去选购那么买回来的就不单是一两样实用的东西，同时也增加了亲子之间的感情。

同样的，夫妻在添置家用设备时，若能考虑对方的要求，将对双方感情有极大促进作用。比如，买烟灰缸，女主人就不能以自己的喜好去买，要考虑丈夫用起来是不是方便，丈夫是不是喜欢。夫妻一方外出时，若能惦记着对方的爱好，给对方买回来一些需要或喜欢的纪念品，就会把一次普通的花钱过程变成一次爱的体验，使对方每接触这件物品时，就会睹物思情，引起美好的回忆。同理，如果夫妻双方都主动承担赡养老人的义务，那么，不仅使双方老人老有所养，同时也能在夫妻爱的天平上放上一颗重重的砝码。否则，互不关心对方老人，甚至抱怨、提防对方为父母多寄了钱,结果花了钱还怄气。

③要注意时间效益。在生活中,有时你会碰到这样的情况,为了学外语,你想买一台某某牌的收录机,可是一时买不到,等过了很久好不容易买到时,已经耽误了相当长一段学习的时间。或者,一位亲友病重想吃某种新上市的水果,你为了省钱,想过几天再买,不料,病人竟在你等待水果降价期间,与世长辞了。这样的事,可能会给你带来终生的遗憾。虽然想省点钱,结果却带来了无可挽回的损失,所以该花的钱别犹豫,这也是把钱花在点子上的内容之一。

所谓家庭理财从概念上讲,就是学会有效、合理地处理和运用钱财,让自己的花费发挥最大的效用,以达到最大限度地满足日常生活需要的目的。简而言之,家庭理财就是利用企业理财和金融的方法对家庭经济(主要指家庭收入和支出)进行计划和管理,增强家庭经济实力,提高抗风险能力,增大家庭效用。从广义的角度来讲,合理的家庭理财也会节省社会资源,提高社会福利,促进社会的稳定发展。

从技术的角度讲,家庭理财就是利用开源节流的原则,增加收入,节省支出,用最合理的方式来达到一个家庭所希望达到的经济目标。这样的目标小到增添家电设备、外出旅游,大到买车、购屋、储备子女的教育经费,直至安排退休后的晚年生活,等等。

就家庭理财规划的整体来看,它包含三个层面的内容:首先是设定家庭理财目标;其次是掌握现时收支及资产债务状况;最后是如何利用投资渠道来增加家庭财富。

【财富箴言】

编者:节约每一分钱,把钱用在刀刃上,不是要让理财者做一个吝啬的人,而是要学会如何花钱。

财富秘密

第三则

犹太人——第一商人的致富秘诀

本章导读：犹太人在世界人口中所占的比例仅为 0.3%，却掌握着整个世界的经济命脉。犹太民族是世界上最富有的民族，是"世界的金穴"。在富饶的美国，犹太人所占人口的比例仅为 3%，但是根据《财富》杂志评选出来的超级富翁中，犹太裔企业家却占 20%—25%，在全世界最有钱的企业家中，犹太人竟然占到一半。犹太人是名副其实的世界上最富有的商人，犹太人也是当之无愧的"世界第一商人"，"世界的钱在美国人的口袋里，而美国人的钱却在犹太人的口袋里"。这个谜一般优秀的民族，他们为何始终处于金钱的顶峰、权力的中心，他们是如何累积出如此惊人的财富呢？下面我们将一一为你解答。

1. 热爱金钱，金钱散发着温暖

有一位演讲者在一个公众场合演讲，为了证明人在任何时候都要看得起自己，他拿起了 50 美元，高举过头顶。

"看，这是 50 美元，崭新的 50 美元。有谁想要？"结果所有的人都举起了手。

然后他把这张纸币在手里揉了揉纸币变得皱巴巴的了然后又问观众："现在有人想要这 50 美元吗？"所有的人举起了手。

他把这张纸币放在地下，用脚狠狠地踩了几下，钱币已经变得又脏又烂了。

他拿起来钱，又问："现在还有人想要吗？"

结果还是所有的人都举起了手。于是他说："朋友们，钱在任何的时候都是钱，它不会因为你揉了它，你把它踩烂，它的价值就会有变化，它依然可以在商店里花出去。"

【财富铸就】

为什么那张钞票在那个演讲者的手里揉皱了，又被踩脏弄破了，还是有人想要它呢，因为钞票就是钞票，钞票是没有高低贵贱的，它不会因为受到了什么"待遇"就有所差别，它还是以前一样的价值。

犹太人就有这样的观念，所以他们总是不怕生意细微，即使连小的生意也是不会放弃的，因而在他们的经商历史中，他们喜欢把"钞票不问出处"这句话挂在嘴边，实际上是在教人们创造和积累财富必须处心积虑，必须捕捉商机，必须妙用手腕。

犹太人的赚钱观念和我们的传统观念不一样，他们丝毫不认为拉三轮、扛麻袋就是低贱，而当老板、做经理就是高贵，钱在谁的口袋都一样是钱，他们不会到了另一个人的口袋就不是钱了。

因此，他们在赚钱的时候，不会觉得钱是低贱或高贵的，他们不会因为自己目前所从事的职业不好而感到自愧不如，他们在从事所谓的低贱工作的时候，心态也表现得十分平和。

由于对钱保持一种平常的心态,甚至把它看得如同一块石头、一张纸,在犹太人心中钱就是钱,因此他们孜孜以求地去获取它,但在失去它的时候,也不会痛不欲生。正是这种平常心,使得犹太人在惊涛骇浪的商海中驰骋自如。

犹太人的经商活动,有一个看似简单却难能可贵的特点,就是他们对顾客总是一视同仁,不带一丝成见。在犹太人看来,因为成见而坏了可以赚钱的生意,简直是太不值得了。

犹太人散居世界各地,对所有人他们都视为同胞。无论是住在华盛顿、莫斯科或伦敦等地,犹太人之间都经常保持密切的联系。要想赚钱,就得打破既有的成见,这就是犹太人经商得出的训示。犹太人对赚钱的对象是不加区分的,只要能赚钱,达成生意协议,能从你手中得到钱,那就可以做。在犹太人的脑海里,在进行贸易往来时,无论你是美国人还是俄国人,无论你是欧洲人还是非洲人,只要你和他的这笔交易能给他带来利润,他就愿意和你交易。

在犹太人的观念中,除了犹太人外,不管是英国人、德国人,还是法国人、意大利人等,一律被称为外国人。为了赚钱,他们不管你是哪国人,主张何种主义,信仰何种宗教。

要赚钱,就不要顾虑太多,不能被原来的传统习惯和观念所束缚。要敢于打破旧传统,接受新观念。也就是说要想赚钱,就要打破成见。试想一下,如果因为和对方的思想意识不同,自己在原来成见的作用下,主动放弃了一次赚钱的机会,岂不是太可惜了,太不值得了!我们知道,金钱是没有国籍的,所以,赚钱就不应当区分国籍,为自己设置赚钱的种种限制。聪明的犹太人很早就认识到这点,所以他们很团结,结合在一起共同赚外国人的钱,这就是他们成功的原因所在!

由于特殊的历史原因,犹太人失去了家园,长期流浪于世界各地。国籍对于犹太人来说是不存在的，犹太人从不看重这个政治概念，他们只看重是否有可靠的生意伙伴。犹太人不管那些分歧，与俄国人做生意也和美国人做生意，卢布是钱，美元也是钱。

犹太人认为金钱是没有性质的，所谓的性质是人自己主观强加金钱的。如果说金钱在恶人手里就是罪恶的，那么让善良的人把它赚回来就可以是善良的了。犹太人认为，主观区分钱的性质是件荒唐的事，那样做不但浪费时间，又束缚思想。

正是因为犹太人认识到金钱的性质，所以犹太商人在投资时，对于所借助的东西，是不存在一点感情的，只要有利可图，且不违法的事情，拿来用就是了，完全不必过多考虑。

他们的目的就是赚钱。所以他们信奉的就是做生意，获得最大的利益。其中，哈默就是突出代表。在苏联刚刚成立时，世界上的资本家都不敢涉足这个国家，只有这个犹太人"胆大包天"，与苏联做生意，在苏联发了大财。他也由此起步，成了20世纪世界历史上最富有传奇色彩的商人。

仅次于《圣经》的典籍《塔木德》对酒的评价并不高，深信"当魔鬼要想造访某人而又抽不出空来的时候，便会派酒作自己的代表"。这同我们学语言中的醉鬼一词有异曲同工之妙。喝醉的人同鬼相差无几。因此，《塔木德》叮嘱犹太人："钱应该为买卖而用，不应该为酒精。"而世界上最大的酿酒公司格兰酿酒公司的老板却是犹太人。

有许多犹太人大亨，他们手中掌握着数以百万、千万，甚至亿万的财富的时候，他们感觉手里拿的不过是一堆纸而已，并不觉得这就是可以时刻给人带来祸福安危的东西。

【财富启示】

热爱金钱，因为金钱散发着温暖。可能犹太人最能感受到这种"温暖"

的存在。靠着敏锐的嗅觉和对财富的执着与热爱，犹太民族几乎寻觅到了世界每个角落的财富。在最广泛的地区、同最广泛的人、涉及最广泛的行业领域发掘商机，寻找温暖，犹太人是一群不知疲倦的勇敢的财富追逐者。

*2.*富翁不是靠攒钱攒出来的

有个叫杰西的穷人，站在百货公司前，目不暇接地看着琳琅满目的商品。杰西旁边有一位穿戴体面的犹太绅士，站在那里抽雪茄。

杰西态度礼貌地问那名绅士说：

"您的雪茄很香，好像不便宜。"

"2美元一支。"

"好家伙，您一天抽多少支呀？"

"10支。"

"天哪！您抽多久了？"

"40年前就抽上了。"

"您要是不抽烟的话，您省下的这些钱就足够买下这幢百货公司了！"

"没有算过。"绅士说完又道，"告诉您，这一幢百货公司就是我的。"

谁也不能说杰西不聪明，第一，他账算得很快，一下子就计算出每支2美元的雪茄每天抽10支，40年下来的钱就可以买一幢百货公司。第二，他很懂勤俭持家、由小到大积累的道理，并且身体力行，从来没有抽过2美元一支的雪茄。但杰西却没有因为他从不抽雪茄而省下可以买百货公司的钱。杰西的智慧是死智慧，绅士的智慧才是活智慧，财富不是靠克扣自己攒下来的。

【财富铸就】

商业是不断增值的过程，所以可以让钱不断地多起来，应该把整个世界的人为自己所用。犹太人的经营原则是：没有的时候就借，等你有了钱就可以还了，不敢借钱是永远不会发财的。攒钱只会让人越来越贫穷，因为连他的思维也变得贫穷了。

攒钱是成不了富翁的，只有赚钱才能赚成富翁，这是一个普通的道理。并不是说攒钱是错误的，关键的问题是一味地攒钱，花钱的时候，就会很吝啬，这会让你获得贫穷的思想，让你永远也没有发财的机会。

一个人所具有的思维和感觉决定了他将来是否可以拥有财富。富有的思维创造财富，表现出慷慨和大度；而贫穷的思维造成真正的贫穷，表现出卑微的小气。

人太穷了，就会整天为生存而奔忙和劳碌，他所想到的就是简单的生存，没有时间去想任何更高的事情了，他的头脑里没有了产生财富的渴望，也就失去了成为富人的条件。

犹太巨富比尔·萨尔诺夫小时候生活在纽约的贫民窟里，他有6个兄弟姐妹，全家只依靠父亲一个人微薄的收入生活，所以生活极为紧张，他们只有省了又省，才可以勉强度日。比尔15岁那年，他的父亲把他叫到身边，对他说："小比尔，你已经大了，要自己养活自己了。"小比尔点点头。父亲继续说："我攒了一辈子也没给你们攒下什么，我希望你能去经商，这样我们才有希望改变我们贫穷的命运，这也是我们犹太人的传统。"

比尔听了父亲的忠告，于是去经商。3年之后，就改变了全家的贫困状况，5年之后，他们全家搬离了那个社区，7年之后，他们竟然在寸土寸金的纽约买下了一套房子。真正造就比尔财富神话的不是靠节省，而是努力地去赚钱。

要成为一个富人，不但要有智慧的思维，而且还要付诸行动。只有这样，才可能进入富人的行列。

使劲地赚钱，使劲地花钱，这是犹太富人的做法。

犹太人说，生活要过得幸福和开心，日子一定要有滋润的感觉，不要怕花钱，相反要大把大把地花钱。犹太人喜欢在那些装饰考究、豪华的饭店吃晚餐，而且一吃就是两个小时，吃得极为丰盛。他们一边吃一边聊天，不时地哈哈大笑，那样子十分惬意。

这让拼命想要追上犹太人的日本人自愧不如，日本人花钱极为吝啬，他们一天到晚只是拼命地省钱和拼命地工作。于是，他们的生活里只有工作，为了工作，连吃饭的时间都要缩小，甚至觉得人可以只干活，不要吃饭睡觉才好。日本人见了犹太人的这种生活方式，大觉羞愧。犹太人相信绝不能对自己吝啬，认为这是一种贫穷的表现。对于一个商人来说，赚钱的时候，要具有运筹帷幄的能力，花钱的时候，就可以大把大把地花。这样，才显示了一个成功商人的胸怀和自信，气定神闲、从容不迫，这样才算是一个真正的商人。吝啬的商人永远只能小打小闹，终不能成大气候。吝啬只能让自己成为金钱的奴隶，学会真正付出又从容不迫地赚钱才能让自己成为财富的主人。

犹太人始终认为活着就是为了享受，人活在世界上就应该尽情地享受，人应该在条件容许的情况下，尽情地享受。

一位住在芝加哥的犹太人已经70岁了，却要买一套很豪华的公寓，别人觉得很奇怪，问他："您年纪这么大，还要这么大的房子干什么？"

这位老人反问道："难道在生命的最后几年就不能享受了吗？"

【财富启示】

赚钱为了享受，这是犹太人赚钱的目的，也是他们对于商业目的的最好诠释。因此，犹太人在经商时劳逸有度，使工作与生活两不误，真正体会到了人生的真谛。

在犹太人看来，没有空闲，不会合理安排时间的人，是不会赚钱的人。犹太人认为，要赚钱，首先得有赚钱的时间，而且在赚钱中要合理使用时间，否则就等于白白浪费时间。人的一生是短暂而又漫长的，许多人整天忙忙碌碌却无所作为，许多人整日沉迷于酒桌牌桌之间，日子被无端地浪费。这些人都不会合理安排时间，注定成不了大器。

有的人之所以是"大忙人"，是因为他们一直在辛苦地工作，为赚钱而忙碌。按照犹太人的生意经，该忙的时候就要忙，否则没有效率。但是，"忙"与"闲"是相对的，学会"忙里偷闲"，生活才是丰富多彩的，犹太商人所以常常是"大闲人"。

3. 合理合法的避税纳税

避税港，亦称"避税地""避税乐园""税务天堂"或"税收避难所"，指国际上轻税甚至无税的场所，即外国人可以在那里取得收入或拥有资产，而不必因此支付税金或只需支付少量税金的地方。这样的地方可以是一个国家，也可以是一个国家的某个地区，如港口、岛屿、沿海地区或交通方便的城市，因而被称为"避税港"。避税港具有以下几个特点：1. 有明确的避税区域范围，大多数都是很小的国家和地区，甚至是很小的岛屿。2. 避税港的地理位置大多靠近实行高税的经济发达国家，交通方便，并便于形成脱离高税管辖的庇护地。3. 避税港提供的税收优惠形式、优惠内容及程度，远远超过其他地区。避税港主要是从税务工作角度上对这类地区的命名。

而避税港的产生就源于对犹太人合理避税的发现而被"发扬光大"。

 【财富铸就】

在这个世界上不是所有的钱都能挣的，因此一定要在守法的前提下挣钱。在犹太商人的观念中，他们既信守"绝不漏税"，又善于"合理避税"。这就是犹太人的护钱之道。提起世界上的富人，犹太人位居榜首。犹太人在欧洲、美洲、亚洲……到处都有他们庞大的财产，按这些财产来收税必然也是一笔不小的数目。那么，有人一定会问："犹太人是否也偷税漏税？"他们"绝不漏税"，这是犹太人信守的经商准则，体现了他们强烈的纳税意识，以能够纳税为光荣。

世界上的财富大多掌握在犹太人的手里，他们交税表现比世界上任何一个国家的商人都积极。在犹太人心中，有一套属于他们特有的观点，他们认为，纳税是他们和国家订的无形的"契约"，不管发生什么问题，自己都要履行契约。谁漏税、偷税、逃税，谁就是违反了和国家所签的契约。违反了这"神圣"的契约，对犹太人来说是不可以原谅的。

一位瑞典人到海外旅行，回来时将一颗钻石藏在袜子里企图避开税收入境，结果被当地海关查出扣留。一位同行的犹太人看到这种情况，十分不解，问道："为何不依法纳税，堂堂正正入境呢？"按照国际惯例，像宝石之类装饰品的输入费，一般最多不会超过8%，如果照纳输入费，就可堂堂正正地进入国境，若想在国内再把宝石出卖时，只要提价8%就行了，这样简单的计算方法，小学生都会。

事实上，犹太人也清楚，依法纳税需要一笔较大的费用。如果可能，谁不愿意自己多赚点钱，少交点税呢？但是，犹太人不像一般"聪明"人那样去漏税、偷税、逃税，而是想出其他绝妙的办法来赚钱。一千多年来，犹太人之所以能在异国他乡长期定居下来，且赚的钱比本土国民还要多，

"绝不漏税"是一个重要的原因。

当然，犹太人"绝不漏税"并不表明他们轻易地就交出不合理的税款。他们讨厌被人随意征税。犹太商人在做一笔生意之前，总是要首先经过认真计算，这笔生意是否能挣钱，先粗略算出在除去税款以外，他们有多少钱能装入自己的口袋。

一般商人在计算利润时，总是把税钱算在里面。例如，中国人说获利20万，那其中一定包括税钱在内。而犹太人的利润则是除掉税钱的净利。"我想在这场交易中，赚10万美元的利润。"当犹太人这样说时，他所讲的10万美元利润中，绝对不包括税钱。

外国的董事长薪俸相当高，一般标准都在该公司职员平均月薪的50倍以上。假如公司职员平均工资为2000美元，则董事长的薪俸应是10万美元。但是，这样高的薪俸，要向国家上缴的税额也是相当可观的。例如在日本，一个有1000万元薪俸的董事长，交税后剩余的实际所得，仅可糊口而已。所以，犹太人总想办法让自己当一个廉价的"董事长"，达到少交税的目的。

犹太人傻吗？

犹太人信守"绝不避税"，但又会"合理避税"。

【财富启示】

犹太人拥有世界上最多的财富，却比世界上任何一个国家的商人都更重视交税。他们认为，偷税漏税不仅违背经商之道，也是对自己的一种耻辱。违背对神的契约，对犹太人来说是不可容忍的。任何一个商人都希望多赚钱，少交税，犹太人也不例外。但他们讲求巧妙地利用当地税法，采用种种手段，合理避税，这样既完成了与国家的契约，又保住了自己包里的钱。在他们看来，赚钱一定要合理。他们一方面信守"绝不漏税，"一方面又善于"合理避税"。他们对合法避税有着如下认识：让避税行为发生在国家税收法规许可范围内；避税行为围绕降低产品价格展开，以避税行为增强企业市场竞争力；巧妙安排经营活动，努力使避税行为兼具灵活性和原则性。当然，从商者的根本目的不应该是避税，因为即使是一个天才避税者也不能通过避税达到致富的目的。

4. 机会属于有准备的人

有一则笑话，说的是有一个美国人、一个法国人和一个犹太人要被关进监狱3年。收监的时候，监狱长让他们每人提一个要求。美国人爱抽雪茄，要了3箱雪茄烟；法国人最浪漫，要了一个美丽女子相伴；而犹太人说，他要一部能与外界沟通的电话。监狱长满足了他们的要求。

3年后，第一个冲出来的是美国人，只见他嘴里、鼻孔里塞满了雪茄，大喊道："给我火，给我火！"原来他提要求的时候忘了要火了。

接着出来的是法国人。只见他怀里抱着一个小孩子，身后跟着那位美丽女子，手里牵着一个小孩子，肚子里怀着第三个孩子。

最后出来的是犹太人，他紧紧握住监狱长的手说："这3年我每天与外界联系，我的生意不但没有停顿，反而增长了200%。为了表示感谢，我要送你一辆劳斯莱斯！"

 【财富铸就】

当别的民族的人都在为自己是否会显得过于精明而瞻前顾后拿不定主意，甚至将某个精明的点子暂时搁置一旁的时候，犹太人早已经着手在做了。犹太人能迅速做出判断，把握机会，其他民族的商人败在犹太商人的手下，也是情理之中的事。

犹太民族有一句话："幸运之神会光顾世界上每一个人，但如果她发现这个人并没有准备好迎接她时，她就会从窗子里飞走。"显然，我们的周围到处存在着机会，只要我们时刻做好准备，就可能把机会变成机遇。犹太人告诫孩子要时刻准备着迎接机会的到来，在发现机会的同时还要善于利用机会、把握机会，只有这样才能拥有更多的财富。

在 1984 年以前，各个国家并不热衷于承办奥运会，因为每一个举办奥运会的城市都面临巨额亏损。可是 1984 年，尤伯罗斯把奥运会卖出了天价，从此奥运会成了巨大的盈利项目，引得许多城市争相承办。虽然万物可商，真要做到最好却需要商眼锐利，敏于先机，思想解放和智识过人等诸方面的条件，而这些一般人百求难得的东西正是犹太商人的特长。现代世界的许多原先非商业性领域，大多是在将兴未兴之时，被犹太商人率先打破封闭而纳入商业世界的，例如收藏业和娱乐业等。

在现代这个商业性的社会中，商机的获得与战场上战机的获得同样重要，它们都是一种主动权的掌握，掌握了主动权就有了胜算的把握，失去主动权就意味着市场被竞争对手占有和分享。同时，获得商机也包含着这样一层意义：无论是在商品上还是在地域上，要有别人之所未有，到别人之所未到。商场上的先机往往意味着你要尽可能地做独家生意，你的商品无论是品质还是价格都应该是独一份，舍此无他，你要到别人还没有开发的生意场上去，在别人还都没有拥上去之前好好地赚上一笔。

我们来看这样一个故事：麦考尔公司创始人以前并不富裕，1944 年，他随父在休斯敦做铜器生意。1964 年，父亲死了，临死前，父亲教导儿子说："商机无处不在，关键在于你如何去发掘和把握。"之后，麦考尔创始人独自经营那家铜器店，他始终把父亲的话牢牢地记在心里，他做过铜鼓，做过瑞士钟表上的弹簧片，做过奥运会的奖牌。他甚至把一磅铜卖到

3500美元，不过这时的他，已是麦考尔公司的董事长了。

然而，真正让他扬名的并不是这些，而是纽约州的一堆垃圾。这堆垃圾是从自由女神像身上清理出来的。原来，1974年，美国政府为自由女神像翻新，清理了大堆废料。于是，美国政府向社会广泛招标。几个月的时间过去了，没人应标，因为在纽约州，垃圾处理有严格规定，稍微有些错误就会受到环保组织的起诉。

当时，麦考尔创始人正在法国旅行。听到这个消息，他停止旅行，搭机飞往纽约。看过自由女神像下堆积如山的铜块、螺丝和木料后，他立即与美国政府签订了相关协议。

消息传开后，纽约许多运输公司都在偷偷发笑，他的许多同僚也认为回收废料是吃力不讨好的事，并且，能回收的资源价值也有限，这样的举动实在是太愚蠢了。

在很多人都等着看他笑话的时候，他开始组织工人对废料进行分类。他让人把废铜熔化，铸成小自由女神像，旧木料则加工成底座，废铜、废铝的边角料则做成纽约广场的钥匙。他甚至把从自由女神像身上扫下的灰尘都包装起来，卖给一些花店。

结果，这些废铜、边角料、灰尘都以高出它们原来价值的数倍乃至数十倍卖出，且供不应求。不到3个月时间，他让这堆废料变成了350万美金，与原来相比，每磅铜的价格翻了1万倍。

【财富启示】

想要获得财富，就要学会主动创造机会。首先，要多学本领，不掌握真才实学，再多的机会，你也不能认识，就更不用说去抓它了；其次，要多接触社会，了解社会，如果你整天待在家里，希望天上掉馅饼，可能吗？社会是迈向成功的实验场，机会就在社会这个大舞台中徘徊着，它正等待着有理想、有抱负、有行动的人去发现它、亲近它；再次，多结交一些人，特别是一些能够帮助到你的人，因为一个人的力量总是有限的，一个人的思维也是有限的，正所谓"当局者迷，旁观者清"，或许朋友稍微的指点，就会使你茅塞顿开，智如泉涌。

机遇不会是空中落下的馅饼，不是人人都有平等的机会的，机会更垂青于那些早有准备并且能洞察商机，敢为别人之不敢为，勇于主动发现的人。

犹太人有句名言：没有卖不出去的豆子。如果卖豆人没卖出豆子，他可以把豆子拿回家，加入水让它发芽。几天后，豆子就会长成豆芽，这样卖豆子的人就可以改卖豆芽。如果豆芽卖不动，那么干脆让它长大些，卖豆苗。而豆苗如果卖不动，再让它长大些，移植到花盆里，当作盆景来卖。如果盆景卖不出去，那么就再次移植到泥土里，让它去生长，几个月后，它就会结出许多新豆子。一粒豆子变为许多豆子，这难道不是一个更大的收获吗？其实，这就是告诉我们：机遇只垂青有准备的人，机遇靠自己去创造。

犹太人相信，任何机会都不会自动降临到每个人身上，它总是属于有头脑、有行动、有准备的人。

5. 犹太人成功的黄金法则

成功的犹太商人数不胜数。以华尔街为例，犹太人在华尔街的影响举足轻重。高盛、雷曼兄弟等多家投资银行都是犹太人办的，在国际金融界呼风唤雨的"金融大鳄"索罗斯等投资家均是犹太人。无论是倡议兴办美联储的保罗·瓦博格，还是近年来两任美联储主席格林斯潘和伯南克都是犹太人。在1999年金融危机期间，《时代》周刊曾以当时的美联储主席格林斯潘、财长鲁宾、副财长萨默斯三人合影作为封面，用了一个"拯救世界三人委员会"的标题，而这三个人都是犹太人。

犹太人真正的财富来自实业。根据《福布斯》杂志报道，今日美国犹太人中最富有的包括酒店大亨谢尔顿·阿德森，他是拉斯维加斯威尼斯人大酒店的老板，身价240亿美元，还有甲骨文公司的老板拉里·埃尔森，身价215亿美元，而微软公司总裁兼首席执行官史蒂夫·鲍尔默也是身价过百亿。

今天的美国人，早上一睁开眼睛就要直接或间接地和犹太人打交道。早在1885年，犹太人便控制了241家纽约制衣厂中的234家。美国人内穿卡尔文·克莱恩内衣，外着李维斯牛仔裤，再套上一件拉尔夫·劳伦上衣，这些都是犹太人创立的品牌。在美国女人爱用的化妆品中，赫莲娜、雅诗兰黛、露华浓等名牌的老板都是犹太人。

美国人在上班路上要买一杯星巴克的咖啡，饭后吃一个哈根达斯的冰激凌，旅行时住在费尔蒙特、洛兹、凯悦等酒店，度假时乘坐嘉年华或者皇家加勒比游轮……这些公司不是犹太人创办的，就是犹太人经营的。

 【财富铸就】

"二八定律"在犹太商人经商中起着独特的作用。

78：22这个宇宙大法则，《塔木德》中的解释是这样的：众所周知，自然界空气中氮与氧的比例是78：22；在正方形中，如果其面积为100，那么其内切圆的面积约为78，正方形其余部分的面积是22。由此可见，78：22是大自然中一客观而神奇的大法则，人力无法抗拒。

犹太成功商人们的生意经就建立在78：22法则之上，犹太人做生意就是遵循这个法则，按78：22来分析很多商业间的关系。

犹太人认为78：22法则是神秘和神圣的。由此出发，犹太人把78：22法则视为稳定而又和谐的宇宙法则。犹太人认为，只要在此大法则下经商，就绝对不会亏钱。

举个例子来看，假如有人问，世界上放款的人多，还是借款的人多？一般人都会回答："当然是借款的人多。"但是，有着丰富经验的犹太人的回答却恰恰与他人相反。他们一口咬定："放款的人占绝对多数。"

而事实也正是这样，就银行而言，总的来说，它是个借贷机构。它将从很多人那儿借来的钱转给少数人，从中赚取利润。用犹太人的说法，放款人和借款人的比例是78∶22。银行利用这个比例赚钱，不会吃亏。否则，银行就有破产的危险。

犹太人认为世界财富的78%为占世界人口总数22%的富人拥有，为他们服务，就可获得78%的利润；而对只拥有剩余22%财富的普通人，也只能赚取22%的微薄利润。因此，有的物价利润可定到78%以上，有的却必须低于22%。经营时，要把78%的精力用来让合作伙伴相信自己，建立信誉，22%才是铁面无情的金钱交易。正因为如此，犹太人做生意的眼睛总是盯着富翁手中世界78%的财富。他们发现，现在只有22%的人懂得"宇宙法则"。

《塔木德》曾说：赚钱不难，花钱不易。对于犹太人来说，赚钱和花钱只是同一规律的正反运用而已。许多人之所以做不到，乃是因为他们理财基础不健全，未得犹太人经商法则的精髓。

犹太商人在研究了社会中最成功人士的致富之道后，发现了理财的五个基本法则，每个法则是怎样创造财富的法宝，这些法宝能使你所拥有的价值至少增加到十至十五倍。

理财的第一法则，是有理财的意识。比如：我如何能在这家公司里更有价值？我如何在更短时间内创造出更多的价值？有什么方法可以降低成本并提升品质？我能否想出新的系统或制度？有什么新的技术可使公司更具有竞争力？

理财的第二个法则，就是怎样维持财富，唯一的方法便是支出不要超过收入，同时多方投资。

理财的第三个法则，就是增加你的财富。你要想加快致富的速度，是跟你把过去赚得的利润再投资成正比——而不是花掉的意愿成正比。要做到这一点，就是支出不要超过收入，并且多方投资，把赚得的钱再拿出投资，以求得"利滚利"，这样所赚得的钱往往能以倍数增长。

理财的第四个法则，便是保护你的财富。处在今天这个诉讼漫天的社会里，许多人在有钱之后反而失去安全感，甚至于比没有钱时更没安全感，只因为他们知道现在在任何时刻都有可能被别人控诉。然而别担心，只要目前没有什么官司缠身，就有合法渠道集中保护你的财产。你是否把保护财产列入考虑范围呢？若是你目前还没有考虑，此刻似乎也应开始跟专家多商量些，并且多跟那些专家学习，就如同你人生中其他的学习一样。

理财的第五个法则就是懂得享受财富。当你致富之后，不要舍不得去享受快乐，大部分人只知道拼命赚钱，准备等攒到一定的财富时才去享受，不过除非你能够把提升价值、赚取财富跟快乐串在一起，否则就无法长久这么下去。

【财富启示】

从现在开始好好掌控你未来的财富：

1. 看一下你对金钱的观念。看看自己有没有什么不当的信念。

2. 想出如何能为公司或老板增加价值的方案，而不要管这么做是否有任何报酬。

3. 从薪水中至少抽出10%，投资于你的计划。

4. 找个好的理财顾问，教你怎样作出聪明而周到的投资决定。

5. 给自己一个小小奖励，以表彰你在理财上的成功。

6. 遵守合同契约，诚信做人

《塔木德》中的一个故事，说明了犹太人对违反契约的态度：

很久很久以前，有一家人外出旅行，途中这家的女儿离开家人独自散步到一口水井旁。这时女儿觉得特别口渴，但水井旁并没有汲水的工具，于是，她便攀沿着下到水井里面去喝水。但等她喝完水后，却上不来了。此时，恰好有个年轻男子经过这里，听到哭喊声就来到井边，将姑娘救了出来。这个姑娘为了报答他的救命之恩，决定以身相许。

姑娘和男子订下婚约，却找不到合适的证婚人。此时恰好旁边有一只黄鼠狼经过，于是他们就以黄鼠狼和水井为证婚人。

其后两个人就此分别，各奔东西。

这位姑娘一直在等候自己的未婚夫归来，但不料那个年轻男人后来在他乡结婚生子，早把跟姑娘的婚约给忘了。

后来，男人的妻子给他生了两个孩子。但这两个孩子一个被黄鼠狼咬死了，另一个在井边玩耍时掉进井中淹死了。

男人这才想起了他和姑娘的婚约，以及作证的黄鼠狼和水井。于是，他就和现在的妻子说明情况，并离了婚，回到了那个忠贞不渝的姑娘身边。

用这个故事犹太人表明了对违约行为的态度：任何人都不得违约，否则就会受到上帝的惩罚。

 【财富铸就】

尽管各民族都有"经商应童叟无欺"的说法，但只有犹太人是最严格执行这种正直的交易规则的民族。在《塔木德》中记载了许多关于诚实经商的事例,《塔木德》告诫犹太人说:"一个人死后进入天国前,上帝会先问:你生前做买卖时是否诚实无欺?如果欺诈,将被打入地狱。"

纵横五大洲,经商数千年,犹太商人绝少有坑蒙拐骗的事情发生,他们一般不经营假冒伪劣商品,不做缺斤少两的事情,他们以诚信经商立世。

诚信是一笔无形的资产

犹太人就是这样,经商的时候绝对讲究诚信,绝不用欺骗的手段来获得财富,因此,在犹太人看来,"一锤子买卖"是不应该做的,他们厌恶各种短期策略和流寇式的作战方法,即使在那些被人到处驱赶、朝不保夕的年代,他们也看重长期的合作和良好的商业口碑。

在他们看来,诚信经商是商人最大的善,在生意场上就必须重诚信,即使在犹太人内部,他们也极为重视契约,一旦签订了就必须遵守,绝不可有任何理由违背契约。

商业成功靠的是诚信

我们经常会看到这样的报道:某公司因财务造假被揭发最终导致破产,某企业因生产违规产品名誉扫地,等等。显然,对企业来说,采取一些非法的、不诚信的手段是难以谋得长久发展的。

其实,在对待商业伦理道德问题上,犹太商人自古就有他们的一套理念,这套理念甚至和当前提倡的企业伦理道德有某些相同之处。

犹太先知预言未来世界的审判首先要问 5 个问题,其中,第一个问题就是:你做生意的时候诚实吗?其余 4 个问题分别有关于学习、工作、信仰和智慧。

把诚信摆在首要位置,可见犹太先知对商业诚信的重视程度。而犹太商人也用自己的实际行动向世人证明了这一点,商业成功必须依靠诚信。

诚信为经商的第一要务

世界商业史上，第一个提出"不满意可以退货"的就是犹太人，注重商业诚信，视信誉为经商的生命，这是犹太人走遍世界各地都能受到欢迎和获得财富的原因所在。

在英国，最有名的百货公司是希尔斯·罗巴克百货公司，和该百货公司的产品优势相比，它的创始人犹太人罗森·杰尔德制定的一条规定更具有诱惑力，那就是：不满意，可以退货。这是商业道德的最高体现，而罗森·杰尔德就是第一个把商业信誉提升到这一高度的人。

诚信经商，不仅为犹太人赢得了"世界第一商人"的口碑，也使得犹太商人得到了世人的信任和尊敬，这在商业社会无疑是一笔最重要、最宝贵的无形资产。

契约是神圣不可侵犯的

犹太教有着"契约的宗教"的美誉，《塔木德》被称为"上帝与犹太人签订的契约"。《塔木德》上说："人之所以存在，是因为与上帝签订了存在的契约之缘。"

从人类发展的历史长河来看，契约精神与法治意识是社会从蒙昧走向文明、从落后走向进步的重要标志，它们构成了现代商业经济和市场经济运作所不可缺少的制约机制和精神动力。在契约形成和发展过程中，犹太民族作出了杰出的贡献。

早在神话时代，犹太民族已经是重视契约的理性主义者了。在犹太人眼里，违反契约必然会遭到上帝的严厉惩罚；相反，如果信守约定，上帝则会给予幸福的保证。

犹太民族从小就接受《塔木德》的教育，深切地了解了信守契约的重要性，他们不但要求自己遵守，也要求合作伙伴遵守，经验告诉他们："仁慈地给以对方让步，就是对自己的残忍。"契约的意识让犹太商人受益匪浅，随着近代信用经济的诞生，重信守约让犹太商人在世界商业领域如鱼得水，赢得了财富和声誉。

信守契约的生命线

现实生活中，犹太人也是非常重视契约的，在他们看来，契约一旦签订，就立刻生效。如果不遵守契约，就必然会有灾难降临。因此，他们诚实经营，不欺诈，遵守合同，只要与犹太人做过生意的商人在这方面都是深有体会的。

大家可以看一则案例：一名日本商人和犹太商人签订了2000箱加工罐头的合同，规定每箱20罐，每罐100克。

但在出货的时候，由于日方的失误，他们装了2000箱120克的罐头。虽然货物的重量比合同多了20%，但犹太人拒绝收货。日方表示愿意对超出合同的重量不收钱，犹太人依然不答应。

最后按照协议，日本商人赔偿犹太人10多万美元违约金，还得把货物另作处理。

这则故事传出后，各国商人开始揣测犹太人这一做法的用意。有人说："从国际贸易规则和国际惯例来讲，合同的质量条件是一项重要条件。虽然日本商人交货的重量增加，但是双方没有按照规定条件交货就是违反合同的，按照国际惯例，犹太人完全有权拒绝和索要赔偿。"

另一个市场分析专家说："犹太商人购买这种产品，必然有其独特的商业目的。他们已经对市场进行过调查，包括消费者习惯、市场情况和竞争对方分析，出于这样的商业目的，100克的罐头应该是最适合他们的。因此，如果他们接受了120克的罐头，将对市场的推广和占领带来弊端。"

当各种猜测和分析传到那个犹太商人的耳朵里时，他哈哈大笑："我们可没有考虑这么多啊！我们考虑的只是签订的契约必须遵守。"在犹太人看来，契约是必须遵守的。如果违约，就会受到上帝的惩罚。所以有关契约的内容,他们必定严格遵守。

犹太人一旦和你谈判成功,达成一致的意见,不管是口头协议还是文字协议,他们都会把这认定为对神签订的协议,在执行的过程中,无论发生多大的困难,他们都不会毁约。

【财富启示】

犹太人之所以能够成为世界"第一商人",他们遵守合同契约,诚信做人,诚信经商的理念无疑是最重要的基石。与犹太商人相比,中国的某些商人应当好好反思总结一下自己的经商理念是不是存在偏差,是不是真正做到了"诚信经营"。

7. 活用商业世界的游戏规则

有一个很经典的笑话,是说犹太商人的。一名犹太商人走进一家银行的贷款部,贷款部经理十分礼貌,他客气地问道:"请问,有什么需要帮忙的吗?"他边问边打量着一身名牌穿戴的客人。

"我想贷款。"

"好啊,您要贷多少?"

"1美元。"

"1美元?"

"不错,只贷1美元。可以吗?"

"当然可以。只要有担保,再多点也无妨。"

"好吧,这些担保可以吗?"商人说着,从随身带来的包里取出一堆股票、国债等,放在经理的写字台上说,"这些东西的总价值大概有100

多万美元,够了吧?"

"当然,当然!不过,您真的只要贷1美元吗?"

"是的。"

"年息为6%。只要您付出6%的利息,一年后归还,我们就可以把这些股票还给您。"

"谢谢!"说完,犹太人就准备离开银行。

这家银行的行长就在旁边,他一直沉默不语,冷眼观看。但直到商人要离开他也弄不明白,一个拥有100多万美元的人,怎么会来银行贷1美元。他赶上前去,叫住他:"这位先生请留步!"

"有什么事情吗?"

"我实在搞不明白,您拥有100多万美元,为什么只贷1美元呢?要是您想贷个三四十万美元,我们也会很乐意的……"银行行长说。

"谢谢你的好意。看在你这么热情的份儿上,我不妨将实情告诉你。"商人微笑着说,"我是来贵地做生意的,感觉随身携带这么多的钱很碍事,就想找个地方存放起来。在来贵行之前,我问过好几家金库,他们保险箱的租金都很昂贵。所以,我就准备在贵行寄存这些股票。租金实在太便宜了,一年只需花6美分……"

 【财富铸就】

莎士比亚的剧作《威尼斯商人》描绘了一个名叫夏洛克的人。这是一个犹太人,一个放高利贷者,恶毒而贪婪。莎士比亚描绘的夏洛克被称为世界文学史上四大吝啬鬼之一。这个嘲弄犹太吝啬鬼的戏剧还被称为"喜剧"。当夏洛克要求欠债者按合同割下身上的一磅肉时,这位欠债者的辩护人体现了他的机智。辩护人要求夏洛克割肉的时候,不能多一点,也不能少一点,更重要的是,割肉的时候不能有"一滴基督徒的血",否则,将按照法律,以谋杀罪论处,财产全部充公。于是,这个喜剧还包含了宗教、法律、金融等内容。

可以说,莎士比亚描绘的夏洛克是早期典型的银行家形象。那么,早期的银行家为何会这么恶毒,这么招人恨?银行家的这种形象,与其犹太人的身份有什么关系?

莎士比亚描绘的故事发生在欧洲中世纪,在那个年代,欧洲普遍存在着对于犹太人的强烈歧视,这种歧视正是造成犹太人"贪婪""恶毒"的重要原因,而非犹太人的天性如此。欧洲中世纪的统治者是教会,教会因为宗教原因,制定了很多针对犹太人的歧视政策。比方说,不能与犹太人通婚,因为犹太人在欧洲历史上,长期都是被宗教和法律确定的劣等民族。再比方说,教会认为放高利贷是罪恶,但是,即使是教会统治下的世界,也需要借贷这类金融活动,于是,教会就把这种"罪恶"的活动交给犹太人做。因为,反正犹太人天生就是"有罪"的,让他们从事这种罪恶的金融活动,教会既保持了自己的高尚,又维持了社会的需要。

就这样,犹太人从事的金融活动就被"主流社会"用"吝啬""刻薄"等不光彩的词汇来形容。从理性的角度看,犹太人遵守和合理运用游戏规则,并从中获取利润,这本是无可厚非的。而恰恰是他们过于遵从游戏规则,履行既定的契约条例,因此在实际商业活动中显得冷漠甚至无情。而当他们发现游戏规则中的漏洞并且合理从中谋取利润时,就更被贸易伙伴所诟病。

其实,游走在商业游戏规则的合法与非法之间是相当危险的。犹太著名金融大亨伯纳德·麦道夫,是美国著名金融界经纪人,前纳斯达克主席,但他也是美国历史上最大的诈骗案制造者。2001 年,麦道夫因为设计一种庞兹骗局(层压式投资骗局),令不少著名投资金融机构损失共 500 亿美元(约 3900 亿港元)以上,曾逃过美国证券交易委员会等机构的监管。

根据英国《金融时报》的引述，麦道夫诈骗案潜在风险可能会使他负债
15亿美元。

【财富启示】

当然，麦道夫的存在是犹太人中的极少数，他犯案后被犹太民族的其
他成员所不齿。从这个角度看，利用商业游戏规则其实是有一定危险性的。
如何合法合理地活用游戏规则就是一件谨慎和细心的事情。

8. 时间是最宝贵的财富

一般人们说的一天，就是从早晨太阳初升直到傍晚太阳下山为止，日
出而作，日落而息。但是，犹太人的时间观念则恰恰相反，他们的一天是
从日落开始的。以安息日为例，它是从星期五的日落开始，直到星期六的日
落为止。

这样的时间观是犹太人所独有的。为什么会这样呢？犹太人曾经专门
讨论过这个问题。他们的答案别具一格。为什么一天要自日落开始呢？因
为与其明亮地开始、黑暗地结束，倒不如黑暗地开始、明亮地结束。

基于这样的时间观，犹太人希望人生也是这样，从苦难和黑暗开始，
最后达到幸福和光明的境地。

在这独特的时间观念之中，也浸透了犹太人深藏心中的乐观精神，他
们认为希望是掌握将来的一条线索。在人类拥有的一切力量之中，最强有
力的，就是希望。有了这种希望，就是比较容易能够对生活中的种种磨难
和烦恼采取一种豁达的态度。

一天的开始定于日落,但是人的生活还是按照白昼黑夜的划分而进行,日落而息,日出而作,并没有违背人的身体生理规律,然而给人的心注入了乐观和希望的成分。

因此,把一天的开始定于日落,这反映了犹太人对生活和人生的积极态度,是一种智慧的表现。

【财富铸就】

犹太人给我们的启示最多的就是他们对待时间的态度。据说,犹太人从一生下,父母灌输给孩子的并非商业的道德和技巧,而是学会认识时间和把握时间。犹太人中间流行一句话叫"勿盗窃时间"。难道时间也可以被盗窃吗?是的,犹太人认为,妨碍他人的一分一秒,就意味着在盗窃别人的时间。在犹太人看来,时间就是金钱,盗窃时间就是盗窃金钱。这使他们可以抓紧一分一秒抢占商机,争取竞争的主动权。

犹太人善于利用和把握时间。一个商人要赚钱,首先就要考虑好如何合理地安排好时间,这样才能集中精力经商。犹太人把时间看得十分重要,在工作中往往以秒来计算时间,分秒必争。在犹太人看来,时间和商品一样,是赚钱的资本,可以产生利润,因此盗窃时间,就等于盗窃商品,也就是盗窃了金钱。

犹太人的人生观就是:人生就像我们从救火场里抢东西,我们从里面能够抢出的东西越多,我们的人生越有价值。犹太人做生意的名言就是:要在两列火车对面错过时做交易。

当然,犹太人并不是将所有的时间都用来工作的。相反,犹太人也非常注重休息。他们有自己的休息时间,并且,每个犹太人都要遵守这个休息时间。他们认为,休息就是休息,在休息的这一天中,他们不能谈关于工作的事情,也不可以思考有关工作的问题,不可阅读有关工作方面的书,当然了，连关于工作方面的计算也是不允许的。

在很早的时候，犹太人就已经懂得每周拿出一天时间休息了，当时没有任何一个国家有这个先例，这在当时的外国人看来是一件非常奇特的事情。美索不达米亚文明、希腊文明和罗马文明里都没有过休息日这样的事情。即使偶尔有休息，也是在镇上的神殿举行祭礼或是个人举行庆祝宴会的时候。在那种环境中，犹太人还是遵守着他们一周休息一天的习惯。

不要以为在休息日那天，犹太人什么都不做只傻乎乎地睡觉。他们只是在这一天停止一切的商业活动。从另一层意思上讲，休息日也是劳动日，也就是说使用大脑的劳动。他们早上 8 点就出去做礼拜一直到中午。他们用希伯来语诵读祈祷文，倾听《圣经》的教诲。拉比们会讲述那些平时接触不到的深邃的思想，让人们的心智一片光明。回到家后，犹太人一家其乐融融地吃过午饭，很快就午睡了。4 点左右，他们会在自家或是犹太教会堂和朋友或是拉比们一起交流，研究《塔木德》和《圣经》。午睡和研究的顺序颠倒过来也没关系，但是这件事必须要做，因为这是犹太法律中规定的一项义务。

由于犹太人非常珍惜时间，所以他们平常的工作十分紧张，简直就像打仗一样充满了战斗的气息。在他们眼里，就算是一分钟也要尽量抓紧。犹太人是非常拼命赚钱的，工作在这种紧张的气氛下，如果忙碌了一整天，到了吃饭的时候，能好好地吃一顿可口的餐饭，那将是多么好的享受啊，而这顿香喷喷的饭菜就是对自己努力工作的最好奖赏。

犹太人大多是经商者，而商人的特点是工作的无定时性，视时间如生命、如金钱。但是，休息就要消费时间，浪费时间就等于少赚钱，这时犹太人会毫不犹豫地选择休息，放弃工作。如果有人不解地向犹太人发问："你们工作 1 小时可赚 80 美元，如果每天多休息 1 小时，每月就少赚 2400 美元，每年就少赚近 3 万美元，这值得吗？"犹太人会以最快的速度回答你："假如一天工作 16 小时，我每天可多赚 640 美元，那我的寿命将减少 5 年，按每年收入 20 万计算，5 年我将少收入 100 万美元。而如果我每天抽出时间多休息 1 个小时，我的损失仅是 1 小时 80 美元，那我将得到 5 年的每天 7 小时。现在我是 60 岁，倘若我按时休息可再多活 10 年，那我的损失只是 28 万，28 万和我少收入的 100 万美元比，这样来看，到底是哪个更值得？"

所以，犹太人非常重视休息，在一周的紧张工作之后，犹太人绝不会放弃一顿丰盛的晚餐。犹太人享用晚餐的时间长达两个小时。在尽情享用美食的同时，他们还会聊很多话题，例如娱乐、名胜古迹、花卉、动物等，但同时，他们绝不会谈一些不愉快的话题，例如战争、宗教和工作。这和他们的历史有关系，战争和宗教的话题，常常会勾起他们被迫害的痛苦回忆，破坏了那本来很快乐很融洽的气氛；谈工作，则会影响就餐的情绪。总之，犹太人在休息时，一定是放松心情，慢慢地吃，把人生和工作的烦恼统统抛诸脑后。

【财富启示】

注重工作效率，而不是拼工作时间，是犹太人的信条。只会拼命工作而不会享受生活的商人是愚蠢的。将生命中的一部分时间用来休息不仅放松了身心，还能使之后的工作更有效果。这种动静兼顾的适度休息，保证了犹太商人能够在下一周有充沛的体能和精力去投入新一轮的商业拼杀。正是由于他们正确、及时的休息，才让他们在经商中格外出色。

财富秘密

第四则

财富定律，让科学来解释财富的奥秘

本章导读：这一章主要从财富定律出发，结合案例，利用最基本也是最有价值的各种财富定律，来科学地解释财富的奥秘。财富定律本身并不具有科学价值，但当它进入人为思想领域并被用于实践时，就会产生革命性的巨变。

我们不能简单地去模拟各种成功的案例，或者是避免各种失败的情况。我们要就其本质，学到财富是如何被创造出来的，又是如何在不经意间丢失的。

1.蝴蝶效应——亚洲金融风暴的巨浪

蝴蝶效应说的是一只南美洲亚马逊河流域热带雨林中的蝴蝶，偶尔扇动几下翅膀就可能在两周后引发美国得克萨斯州的龙卷风。其原因在于蝴蝶翅膀的运动，导致其身边的空气系统发生变化，并引起微弱气流的产生，而微弱气流的产生又会引起它四周空气或其他系统产生相应的变化，由此引起连锁反应，最终导致其他系统的极大变化。此效应说明，事物发展的结果，对初始条件具有极为敏感的依赖性，初始条件的极小偏差，将会引起结果的极大差异。

【财富聚焦】"蝴蝶效应"显现，亚洲金融风暴席卷全球

1997年3月3日，泰国中央银行宣布国内9家财务公司和1家住房贷款公司存在资产质量不高、流动资金不足的问题。著名的货币投机家、股票投资者索罗斯及其手下认为，这是对泰国金融体系可能出现的更深层次问题的暗示，便先发制人，下令抛售泰国银行和财务公司的股票。此举使储户在泰国所有财务及证券公司大量提款。此时，以索罗斯为首的手持大量东南亚货币的西方冲击基金联合抛售泰铢，在众多西方投资者的围攻之下，泰铢一时难以抵挡，不断下滑，5月份最低跌至1美元兑26.70铢。

这场危机首先是从泰铢贬值开始的，1997年7月2日，泰国被迫宣布泰铢与美元脱钩，实行浮动汇率制度。就在泰国宣布此项政策当日，泰铢汇率狂跌20%。和泰国具有相同经济问题的菲律宾、印度尼西亚和马来西亚等国迅速受到泰铢贬值的巨大冲击。7月11日，菲律宾宣布允许比索在更大范围内与美元兑换，当日比索贬值11.5%。同一天，马来西亚则通过提高银行利率阻止林吉特进一步贬值。印度尼西亚被迫放弃本国货币与美元的比价，印尼盾7月2日至14日贬值了14%。继泰国等东盟国家金融风波之后，台湾的台币贬值，股市下跌，掀起金融危机第二波，10月17日，台币贬值0.98元，达到1美元兑换29.5元台币，相应地当天台湾股市下跌165.55点，10月20日，台币贬至30.45元兑1美元。台湾股市再跌301.67点。台湾货币贬值和股市大跌，不仅使东南亚金融危机进一步加剧，而且引发了包括美国股市在内的大幅下挫。10月27日，美国道·琼斯指数暴跌554.26点，迫使纽约交易所9年来首次使用暂停交易制度，10月28日，日本、新加坡、韩国、马来西亚和泰国股市分别跌4.4%、7.6%、

6.6%、6.7% 和 6.3%。特别是香港股市受外部冲击，香港恒生指数 10 月 21 日和 27 日分别跌 765.33 点和 1200 点，10 月 28 日再跌 1400 点，这三大香港股市累计跌幅超过了 25%。11 月下旬，韩国汇市、股市轮番下跌，形成金融危机第三波。11 月，韩元汇价持续下挫，其中 11 月 20 日开市半小时就狂跌 10%，创下了 1139 韩元兑 1 美元的新低；至 11 月底，韩元兑美元的汇价下跌了 30%，韩国股市跌幅也超过 20%。与此同时，日本金融危机也进一步加深，11 月日本先后有数家银行和证券公司破产或倒闭，日元兑美元也跌破 1 美元兑换 130 日元大关，较年初贬值 17.03%。从 1998 年 1 月开始，东南亚金融危机的重心又转到印度尼西亚，形成金融危机第四波。1 月 8 日，印尼盾兑美元的汇价暴跌 26%。1 月 12 日，在印度尼西亚从事巨额投资业务的香港百富勤投资公司宣告清盘。同日，香港恒生指数暴跌 773.58 点，新加坡、中国台湾、日本股市分别跌 102.88 点、362 点和 330.66 点。直到 2 月初，东南亚金融危机恶化的势头才初步被遏制。

在这场危机中，受害最惨的恐怕非泰国莫属，猛烈的金融风暴把这个国家一下子砸到了谷底。而在此以前，泰国以亚洲"四小龙"之一的形象令人神驰目眩，一个小业主回忆说："那时候，我们都挺有钱，每个人都准备买奔驰。"那时候很多泰国人热衷于海滨别墅、瑞士欧米茄、法国 XO、德国奔驰、日本松下。他们像美国人一样，每年都潇洒地安排去欧洲旅行；孩子送到私立学校……当你在曼谷郊外碰见一个乡下主妇，或者街头叫卖的小贩，说不定他就是股票大军的一员，他们甚至会以一种调侃的语气说："钱来得太容易了。"可是现在，泰国人目瞪口呆地瞧着索罗斯之流从他们手里抢走原本属于他们的一切；家庭轿车被警察拖走、失业开始困扰自己、浪漫的欧洲之旅只好取消，孩子也只好转到便宜的公立学校……马来西亚总理马哈蒂尔说："这个家伙（指索罗斯）来到我们的国家，一夜之间，使我们全国人民十几年的奋斗化为乌有。"对所有的东南亚人来说，他们过去曾拥有的一大笔财富瞬间化为乌有。

【财富通】

从蝴蝶效应可以发现，有时，我们一个小小的举动，可能会带来一个风暴般的影响。索罗斯下令抛售泰国银行和财务公司的股票的那一刻，打开了亚洲金融风暴的潘多拉之盒。

那亚洲金融风暴发生的原因是什么呢？这不是一两句话能说清楚的，简单地说，原因主要归咎于泡沫经济，轻扇一下翅膀，引发了它的破灭。区内金融制度软弱，加上各国政府在未制订好适当规范制度之前，追求金融市场自由化，短期资金流入，因为它是制造不稳定的主要因素。短期资金流入就像中国人民币升值，而一些国外的企业到中国进行所谓的投资或者经商，其主要目的就是等到人民币升值以后再把人民币换回他国家的货币，从中牟利，所以当索罗斯抛售股票之时，泰国人只能眼睁睁地看着他抢钱。

反观今日的中国，经济的高速增长已经持续了数年，经济总量甚至超过了日本，位居全球第四。亚洲巨人的崛起举世瞩目。同时，外资热钱大量流入，短期外债比重偏高，人民币面临巨大的升值压力，整体经济过热，房地产价格迅速上涨……所有这些现象无一例外地牵动了我们警惕的神经，似乎在暗示着我们：切勿过早地陶醉，想想那前车之鉴吧！诚然，比起当年的亚洲伙伴，我们的优势还是明显的。除了有充裕的外汇储备，还有历经打磨日渐娴熟的宏观调控。尽管如此，经济问题一旦应对不当而可能造成的灾难性损失，是万万不容我们掉以轻心的。所以，对这段历史的重视和对眼下现实的考量，毫无疑问，仍旧有着不凡的意义——防患于未然，繁荣才会来得更持久。

作为一介平民，我们不可能去左右金融风暴的发生，但从另一个角度说，金融风暴对每一个想拥有财富的人来说，这既可以说是一种机会，也可以说是一种考验。如何能够在金融风暴中积累自己的财富，而且不会在其中手足无措，无辜地丧失自己一直以来的积蓄呢？从一些业界人士的分析中，我们不难发现这样几项是我们需要去做到的。

（1）保持良好的心态，不要心急，要心平气和地对待每一件事，对自己的本职工作一定要做好，这是你的饭碗，要保住。我们要正确把握自己，顾全大局。

（2）保持良好的生活习惯，加强锻炼，尽量不要使自己生病、受伤，并且还要注意不要在外面乱吃东西，以免使自己受到伤害，目前医院的收费都高得吓人，连一个感冒发烧这样随便的一个小病动不动就要花上千元左右。这是要求我们要善于理财。

（3）尽量不要进行风险性高的投资，如股票，或者是和别人合伙做生意等，如果这些是可以控制的，那么可以去操作，如果不懂，最好不要涉及。要对市场有必要的决胜把握

（4）在不影响自己工作的情况下，如果有时间，可以选择一个兼职项目，这个项目要是合法的，而且还要有可持续性，并且没有多大的投入，对自己本人是一个比较好的补充。这点在于要求我们降低风险。

2. 鲶鱼效应——肯德基和麦当劳的赛跑

挪威人喜欢吃沙丁鱼，尤其是活鱼。市场上活沙丁鱼的价格要比死鱼高许多，所以渔民总是千方百计地想把沙丁鱼活着带回到渔港。可是虽然经过种种努力，绝大部分沙丁鱼还是在中途死亡。但却有一条渔船总能让大部分沙丁鱼活着回到渔港。船长严格保守着秘密，直到船长去世，谜底

才揭开。原来是船长在装满沙丁鱼的鱼槽里放进了一条以鱼为主要食物的鲶鱼。鲶鱼进入鱼槽后，便四处游动。沙丁鱼见了鲶鱼十分紧张，左冲右突，四处躲避，加速游动。这样一来，沙丁鱼也就不会死了。这种被对手激活的现象在经济学上被称作"鲶鱼效应"。

【财富聚焦】肯德基和麦当劳的赛跑

细心的人会发现这样一个有趣的现象：在一座城市里，你只要看到肯德基和麦当劳中的一家，在不远处，你就可能找到另一家，他们就像两个在赛跑中的巨人，谁也不掉队。

全美第七的肯德基和全美第一的麦当劳，在中国被视为类似"可口可乐"与"百事可乐"的这样一对竞争对手。

肯德基和麦当劳健康策略的竞技

在今天，人们对西式快餐食品诸如不健康、不营养、易导致肥胖等的疑虑越来越多，甚至出现了激烈的反对声音，在这种情况下，肯德基和麦当劳开始了健康策略的竞技。

最近，一组肯德基的全新电视广告片在 CCTV 等各大电视台播放，广告片以普通消费者、肯德基供应商、肯德基食品健康咨询委员会营养学家、医学家等人的现身说法，来传达肯德基一直以来为打造健康食品而努力的决心。和健康策略紧密配合，肯德基开始了运动营销。2004 年，体操名将李小鹏、雅典奥运会网球冠军李婷和孙甜甜都成为肯德基"体坛群英"计划的领军人物，同时肯德基推出全国范围内的三人篮球赛。百胜中国餐饮集团公共事务资深总监王群表示，这些体坛精英身上的健康朝气融入肯德基的品牌精神中，而且还丰富了肯德基的品牌内涵。

作为对手的麦当劳在此策略上也绞尽脑汁，脚步与肯德基一前一后。2004 年 3 月，继全球麦当劳开展"我就喜欢"的品牌活动，续签赞助奥运会合约至 2012 年以及宣布与 NBA 明星姚明开始全球性合作后，麦当劳又与中国跳水名将郭晶晶合作，这是中国麦当劳在中国市场的第一位体育明星代言人。2005 年 3 月，麦当劳中国有限公司宣布在全国范围内启动"均衡生活方式"系列活动，拉来了当今体育界红人郭晶晶、申雪、赵宏博、张琳等人，力推"吃得巧，动得好，我就喜欢"的健康均衡生活方式。均衡生活方式的宣传与肯德基如出一辙。

肯德基和麦当劳产品本土化的个性之路

作为跨国公司，产品本土化是肯德基和麦当劳赢得市场的必由之路。

麦当劳 2004 年 11 月在中国市场推出"珍宝三角"。据说，这款产品研发时间长达一年，是在中国市场上第一款使用大米的食品，更是首款除汉堡以外的主食。

相比之下，肯德基为满足中国消费者口味开发的系列的长短期产品则十分丰富，从最早的芙蓉鲜蔬汤到后来的老北京鸡肉卷、十全如意沙拉、玉米沙拉、嫩春双笋沙拉、和风刀豆沙拉、番茄蛋花汤、川香辣子鸡、香菇鸡肉粥、海鲜蛋花粥、枸杞南瓜粥、鸡蛋肉松卷、猪柳蛋堡，等等。

对此，麦当劳中国的一位负责人曾经评价说："中国消费者喜欢家禽类胜于牛肉。"因此，麦当劳也在中国推出很受顾客喜欢的新产品，如麦辣鸡翅、麦辣鸡腿堡、板烧鸡腿堡等，这些都是只有在中国才有的产品。

【财富通】

肯德基和麦当劳作为当今全球的龙头企业，他们在中国的赛跑，体现了鲶鱼效应，它们互为鲶鱼，互相被对手激活。换句话说，肯德基成就了麦当劳，麦当劳也成就了肯德基。

我们可以设想一下，如果在中国市场上，只有肯德基和麦当劳中的一家，他们不一定能够发展的这样好。正是鲶鱼效应的存在，在对方竞争的压力下，不断地改变经营理念、开发出更多适合消费者的产品，同时也促进了两个企业不断地发展壮大。有一个流传很广的科学故事，说的是美国的一个小岛上，生存着两种动物：野鹿和狼，科学家把小岛上的狼全部射杀，以此希望他们正进行研究的野鹿数量增长。可是过上一段时间以后，科学家们意外地发现，鹿群数量不增反降，而且生病的野鹿也越来越多。后来终于弄懂，野鹿由于缺少了天敌狼，运动变少了，所以开始退化，鹿群中开始传播各种疾病。最终，科学家们又把狼先生请了回来。过了一段时间后，鹿群又恢复了以前的生气，数量不断回升。这个故事和肯德基与麦当劳的赛跑有相似之处，让我们看到了鲶鱼效应的激活作用。

所以，想致富的我们，不要惧怕竞争，我们的对手或许正是那条促使着我们前进的鲶鱼。

3. 青蛙现象——三鹿奶粉的安乐死

19 世纪末，美国康奈尔大学曾进行过一次著名的"青蛙试验"。实验是这样的，他们将一只青蛙放在煮沸的大锅里，青蛙触电般地立即蹿了出去。后来，人们又把它放在一个装满凉水的用小火慢慢加热的大锅中，青蛙没有立即往外跳，直到后来失去了逃生能力被煮熟。人们把这个实验中的这种青蛙反应叫作"青蛙现象"。

【财富聚焦】三鹿奶粉的安乐死

石家庄三鹿集团股份有限公司（简称三鹿集团）是一家位于河北石家

庄的中外合资企业,主要业务为奶牛饲养、乳品加工生产,主要经营产品为奶粉,其控股方是持股 56% 的石家庄三鹿有限公司,合资方为新西兰恒天然集团,持股 43%。三鹿集团的前身是 1956 年 2 月 16 日成立的"幸福乳业生产合作社",一度成为中国最大奶粉制造商之一,其奶粉产销量连续 15 年全中国第一。2008 年 8 月爆发三聚氰胺事件,企业声誉急剧下降。2008 年 12 月 24 日,三鹿集团被法庭颁令破产。2009 年 2 月 12 日,石家庄市中级人民法院正式宣布三鹿集团破产。

2008 年 6 月 28 日,兰州市解放军第一医院收治了首例患"肾结石"病症的婴幼儿,据家长们反映,孩子从出生起就一直食用三鹿集团所产的三鹿婴幼儿奶粉。7 月中旬,甘肃省卫生厅接到医院婴儿泌尿结石病例报告后,随即展开了调查,并报告卫计委。随后短短两个多月,该医院收治的患婴人数迅速扩大到 14 名。

此后,全国陆续报道因食用三鹿乳制品而发生副作用的病例一度达几百例。2008 年 9 月 13 日,党中央、国务院对严肃处理三鹿牌婴幼儿奶粉事件作出部署,立即启动国家重大食品安全事故一级响应,并成立应急处置领导小组。2008 年 9 月 15 日,甘肃省政府新闻办召开了新闻发布会称,甘谷、临洮两名婴幼儿死亡,确认与三鹿奶粉有关。

这家国内连续 14 年保持产销量第一的奶粉生产企业,最终不得不面对资不抵债的困境,进入破产程序。按照 2007 年颁行的《企业破产法》对破产清算的程序规定,三鹿将由法院指定的破产管理人对其进行管理,破产管理人将负责公司财产的有序出售及债权人赔付方面的问题,破产管理人可在六个月内完成此程序。

公开资料显示,截至 2007 年年底,三鹿总资产 16.19 亿元,总负债 3.95 亿元,净资产 12.24 亿元。来自全国的 400 多个三鹿一级代理商集聚三鹿集团总部，追讨因召回问题产品而垫付的几亿元退货款。有代理商预计，加上所欠经销商货款、奶农收奶款，以及包装、添加剂等供货商货款、员工遣散费等，保守估算，三鹿总负债要接近20亿元。

【财富通】

三鹿在自己一步步的努力下，打造出了自己辉煌的成绩，并且在自己的事业发展上站稳了脚，然而在成功的道路上，三鹿公司没有把握住自己昂扬向上的命脉，而是在事业高速发展时，跌入了"安乐死"深渊。

产品质量的重要性早已人所共知，质量就是企业的生命，质量始终是决定企业生存的前提，任何情况下都不能忽视质量问题，否则，必将受到市场的惩罚。

原料不仅决定产品的质量，而且是产品质量的第一决定因素。众所周知，用不合格或者是质量较差的原料是生产不出好产品来的。因此，原料的质量控制是极其重要的。如果所使用的原料质量都没有保证，如何去保证产品质量？原料的质量失控必将给产品留下质量隐患。

"三鹿奶粉事件"为国人敲响了警钟，"三鹿奶粉事件"不仅仅是奶制品生产企业的教训，更是所有企业的教训，"三鹿奶粉事件"也严正地警示着其他行业甚至整个社会。

俗话说，"生于忧患，死于安乐"。突遇困难时，人们常会提高警惕、全力以赴去摆脱危机；可是，一旦安于现状，人们天生的惰性便会滋生，警觉心开始"生锈"，当危机最终到来时，只能坐以待毙。

因此，无论面对生活还是工作，我们都应该保持一定的危机意识，对周围环境的变化保持清醒。只有做到未雨绸缪、居安思危，才能在真正危机到来时，临危不乱。

作为一名成功的财富拥有者，我们不但要看到自己已经拥有的财富，而且要学会怎样保持自己的财富,并且使得自己的财富不断增长,这要的是定力,是对自己命运的准确思考。

4.破窗理论——张瑞敏的海尔改革

心理学有一个破窗定律,标准的解释是:一个房子如果窗户破了,没有人去修补,隔不久,其他的窗户也会莫名其妙地被人打破;一面墙,如果出现一些涂鸦没有被清洗掉,很快的,墙上就布满了乱七八糟、不堪入目的东西。一个很干净的地方,人们不好意思丢垃圾,但是一旦地上有垃圾出现之后,人们就会毫不犹疑地抛,丝毫不觉羞愧。

【财富聚焦】张瑞敏的海尔改革

在中国改革开放的浪潮中,张瑞敏绝对是一个合格的弄潮儿。1984年,他接手青岛电冰箱厂时,整个厂背了一屁股债,还要养活800名员工。20多年后,在张瑞敏的操持下,海尔集团在世界各地建起了20多家工厂,拥有了5万多名员工,营业额超过1000亿元,打造出了世界第四大白色家电制造企业。

据权威咨询机构统计:自20世纪90年代掀起企业流程再造的热潮,只有20%的企业成功了,其余企业不是回到原本状态,就是倒在流程再造的路上。究其原因,张瑞敏指出:领导难以直达终端,虽然这些大公司花钱请国际咨询公司、软件公司来做流程再造,再造的只是形式,然而无论信息发达到什么程度,都代替不了管理者御驾亲征。管理者下不去,就做不好,也就不能形成一种员工自创新、自运转的机制。

在企业管理中，海尔是较早运用"破窗原理"来进行企业管理的，不管是有意识还是无意识所为。张瑞敏入主海尔，他没有大张旗鼓地拟定公司的发展战略，没有进行轰轰烈烈的人事调整，而是从禁止随地大小便开始，揭开了海尔现代管理之路。如果说把"禁止随地大小便"写进公司规定是张瑞敏补的第一扇破窗的话，那么同年的"砸冰箱事件"则是他修补的一扇更大的破窗。当时，海尔很多职工在砸冰箱时流下了眼泪。可以说，张瑞敏清晰地看到了这种"缺陷产品"对整个企业对于不重视产品质量的暗示，并及时地弥补。

破窗理论看上去这几句简单的话，却说出了一个重要的问题。这样一个问题，涉及的是一种原则。正是海尔老总张瑞敏洞悉到了这一点，才使得自己在管理上形成了独有绩效的管理模式。这样的管理模式不但树立了企业形象，而且使自己的员工认识到了只有做到最好，才能够形成一种优化了的环境，产品才能够得到顾客的信赖。

【财富通】自我认知与修正：以优待优

在财富面前，我们可能不是那么的明智，当一种短暂的利益冲上了头脑，我们可能会选择拿下眼下的利益，以后的路就以后再说吧。不由分说，这绝对是一种错误的思想导致的一种错误的选择。所以我们在一旦犯了这样那样的错误之后，能不能进行自我修正，这也成为决定你是否能够走向成功的关键。而最为关键的是，我们能否看到自己将可能犯下的错误。

以上所提到的，首先是对自己的一种自我认知过程。我们不能在财富面前看花了眼，模糊了自己的视线。在以自我为前提的情况下，我们开始了为自己立命，并且在对待自身发展的道路上，为自己准确定位了，我们也开始为自己能够站得住脚作出了选择，但是，接下来我们面临的就是如何让自己每一步都踏得安稳。这也就是一个自我认知的过程。

然后，当我们发现，眼前就有一团雾，或者我们已经置身于雾中，我们又该何去何从？这就是一个自我修正的过程。

对事物的认知显得尤为重要，然而过而不改是谓大错。我们要用自己最好的准备去迎接挑战，也就是说用自己最好的一面去等待事情朝着理想的规律性的发展。

"破窗理论"揭示了环境对人的心理具有强烈的暗示性和诱导性。在管理上，无序的、混乱的环境容易诱发更纵容的破坏，如果一个企业内部矛盾重重，纪律松散，规章制度不全，环境脏乱不堪，就可以看见随处吐痰、随地便溺、任意谩骂等不良行为。从这点出发的话，我们不难理解张瑞敏入主海尔后制定的第一条制度为什么是"不许随地大小便"了。基于此，在环境上我们要有所标准，以制度规范行为。

环境不仅指外部环境，在内在环境上，我们也要时刻检查心灵上的"破窗"，保持心理环境的卫生与和谐。大同电厂事故频繁发生与工作压力下员工"抢活""侥幸""麻痹""毛躁""疲于应付"等心理状态有内在关系。国电的指标压力传达给电厂领导，而领导压力分解给下属员工，员工工作事情杂、压力大，内在的张力就容易扩散到事务上，出现越规违章的行为。

我们每天都会遇到形形色色的事情，有伤害，有自责，有挑战，有自怜。无论怎样，负面情绪需要及时地处理，保持内心的澄明。也许因为年轻，我们犯过一些错误，也可能因为软弱，他人施加了一些过错，对这些不幸，我们需要去直面。倘若我们因过去的不幸遭遇而自怨自艾甚至破罐子破摔的话，我们无从成长，只会让事情越来越糟，人生越来越失色。

破窗理论的启示是：环境具有强烈的暗示性和诱导性，必须及时修好第一个被打破玻璃的窗户。这在管理学中有着重要的借鉴意义。我们中国有句成语叫"防微杜渐"，说的正是这个道理。

破窗理论的本质是主张建立一种防范和修复"破窗"的机制，亡羊补牢，并严厉惩治"破窗"者。只有这样，组织才能永远窗明几净，无失败之忧！

对待财富，我们来不得半点马虎，一点大意，我们可能就会一无所有，也许你会为了眼前的小利着迷，但是没有长久的计划，我们怎么能做到财富的增值与积累呢？

5. 二八定律——犹太金融帝国建立之谜

二八定律也叫巴莱多定律，是19世纪末20世纪初意大利经济学家巴莱多发现的。他认为，在任何一组东西中，最重要的只占其中一小部分，约20％，其余80％的尽管是多数，却是次要的，因此又称二八法则。

1897年，意大利经济学者巴莱多偶然注意到19世纪英国人的财富和收益模式。

第一点：大部分的财富流向了少数人手里。

第二点：某一个族群占总人口数的百分比和他们所享有的总收入之间有一种微妙的关系。这种微妙关系在不同国家、不同种族、不同时间一再出现，而且在数学上呈现出一种稳定的关系。

于是，巴莱多从大量具体的事实中发现：社会上20％的人占有80％的社会财富，即财富在人口中的分配是不平衡的。同时，人们还发现生活中存在许多不平衡的现象。因此，二八定律成了这种不平等关系的简称，不管结果是不是恰好为80％和20％（从统计学上来说，精确的80％和20％不太可能出现）。习惯上，二八定律讨论的是顶端的20％，而非底部的80％。

后人对于巴莱多的这项发现给予了不同的命名，例如，巴莱多法则、巴莱多定律、80/20定律、最省力的法则、不平衡原则等。以上这些名称，在本书中统称为二八定律。今天人们所采用的二八定律，是一种量化的实证法，用以计量来衡量投入和产出之间可能存在的关系。

【财富聚焦】犹太金融帝国建立之谜

作为整个 19 世纪欧洲乃至世界的金融寡头，德国的罗斯查尔德家族无疑是最具有代表性的犹太金融帝国缔造者。他们一直以来都在利用二八定律来积累自己的财富。

罗斯查尔德家族（又称洛希尔家族）发迹于 19 世纪初，其创始人是梅耶·罗斯查尔德（Mayer Amschel Bauer）。他和他的 5 个儿子（即"罗氏五虎"）先后在法兰克福、伦敦、巴黎、维也纳、那不勒斯等欧洲著名城市开设银行，建立了当时世界上最大的金融王国。在 19 世纪的欧洲，罗斯查尔德几乎成了金钱和财富的代名词。据估计，1850 年左右，罗斯查尔德家族总共积累了相当于 60 亿美元的财富。鼎盛时期，欧洲大部分国家的政府几乎都曾向他们家族贷款，到了 20 世纪初的时候，世界的主要黄金市场也是由他们家族所控制，其家族资产至少超过了 50 万亿美元。可以说，这个家族建立的金融帝国影响了整个欧洲，乃至整个世界历史的发展。

犹太人对于金钱似乎有天生超凡的敏锐，按人均计算，他们是最富有、"财商"最高的民族。他们自称："我们是上帝的管家，人类的金钱应由我们来掌管。"

在纽约证交所周围，犹太人一群一群戴着黑色的高帽，两耳边各垂一根小辫子，身着黑色大褂，黑眼睛，黑头发，皮肤相当白皙。可以这样说，犹太人就是"华尔街的大脑"。

华尔街 80% 以上的投资产品都是犹太人发明的，华尔街所有做市商也全是犹太人。进一步放眼看去，犹太人几乎掌握了整个世界的金融命脉。

几乎所有犹太人都知道房地产的真谛。我的一个同事亚当出生于纽约并住在曼哈顿，却一直租公寓住。而他本人是高级金融分析师，每年能赚四五十万美元，为何租房而住呢？

他对此的回答是："知道吗？一般大城市的公寓都是租比买要合算得多。"相信绝大多数人的观点都是投资房地产能保值、增值，然而亚当却告诉我，房地产里真正保值的不是房子，而是房子下面的土地。当你买大城市公寓大楼的一个单位，只不过与其他几十、上百人共同拥有大楼下面的土地。以曼哈顿为例，高房价高地税，租售比早就超过金融的合理比值，也就是说远远超过以150个月的房租才能买下来的比例，绝对不划算。

只要是犹太人，身上就一定有浓浓的犹太人特质。同为犹太人的巴菲特也是生活俭朴，一分钱要掰成两半花。

比如巴菲特年轻时一直租公寓而居，结婚新房是租来的一室户公寓，甚至他们的第一个孩子也出生在那套公寓里。

还有一个犹太人——量子基金创始人之一、投资大鳄罗杰斯，他也一直租公寓而居，直到量子基金成功运转第7年，才花10万美元买下一栋不能住人的百年老宅。与其说他买了房子，不如说是买下了房子下面的那块地。所以在西方，房价是作为消费品进入消费物价指数的，而不属于投资品，只有土地才能算投资品。

犹太人在金钱上还有一个特点，就是他们用钱时，把消费和投资分得清清楚楚。什么叫投资？以犹太人最专业的说法："是牺牲或放弃现在用于消费的价值，以获取未来更大价值的一种经济活动。"

也就是说，消费就是享受眼前的成果，投资就是放弃眼前的享受，以获得未来更大的收益。

对他们来说，房子、汽车、游艇都同属奢侈消费品。而犹太人多半酷爱投资，很少享受。有意思的是他们却鼓励他人"花明天的钱"。

号称"世界央行"的美联储历届主席几乎全是犹太人，包括前任主席格林斯潘和现任主席伯南克。《货币战争》一书中的罗斯查尔德家族也是犹太人。

另有一些我们耳熟能详的名字如摩根家族、雷曼兄弟、所罗门兄弟等，无一例外全是犹太人。可以这样说，在华尔街的大腕儿中，不用问谁是犹太人，只能问谁不是犹太人。

犹太民族人口从来不超过2000万，只占全球人口的0.3%，他们几千年来遭受了无数次的劫难，多少次他们的财富在一夜间便丧失殆尽，但为何能一次次地东山再起，成为世界上最富有的民族呢？从他们积累财富使用的原则二八定律中，我们找到了问题的答案。

【财富通】

二八法则告诉我们，不要均匀地分析、处置和对待问题，企业谋划和管理中要捉住症结的关键；要找出那些能给企业带来80%利润、总量却仅占20%的要害客户，达到事倍功半的效果；企业领导人要对工作进行剖析，要把主要精力花在解决主要问题、抓主要名目上。

一个小的诱因、投入和努力，通常可以产生大的结果、产出或酬劳。就字面意义看，即指你完成的工作中，80%的成果来自你20%的付出。因此，对所有实际的目标，80%的努力——也就是付出的大部分努力，只与成果有一点点的关系。这种情况看似有违常理，却非常普遍。所以，二八定律指出：在原因和结果，投入和产出，以及努力和报酬之间，存在着一种不平衡关系。它为这种不平衡关系提供了一个非常好的衡量标准：80%的产出，来自20%的投入；80%的结果，归结于20%的起因；80%的成绩，归功于20%的努力。

尽管听上去有些学术的味道，但事实上这不难理解——人类一直在用二八定律来界定主流，计算投入和产出的效率。它贯穿了整个生活和商业社会。当然，这并不是一个准确的比例数字，但表现了一种不平衡关系，即少数主流的人（或事物）可以造成主要的、重大的影响。以至于在市场营销中，为了提高效率，厂商们习惯于把精力放在那些有 80% 客户去购买的 20% 的主流商品上，着力维护购买其 80% 商品的 20% 的主流客户。

在上述理论中被忽略不计的 80% 就是长尾。Chris Anderson 说："我们一直在忍受这些最小公分母的专制统治……我们的思维被阻塞在由主流需求驱动的经济模式下。"但是人们看到，在互联网的促力下，被奉为传统商业圣经的"二八定律"开始有了被改变的可能性。这一点在媒体和娱乐业尤为明显，经济驱动模式呈现从主流市场向非主流市场转变的趋势。

"二八定律"能帮助你抓住最重要的。把时间分配在最重要的事情上，你得到的效果就会最大，比如说在客户服务当中，每一个公司都有大客户，黄金客户。在我们公司就有铂金客户，这 20% 的客户给我们公司带来了 80% 的业绩，然后我们有黄金客户、铁客户、一般客户，而一般的客户很多，但它给我们公司只带来了 20% 的业绩，所以在生命当中一定要抓住重要的关键的问题，结果才能产生很大的效益，这就是一个原则——分清轻重缓急，把时间用在最有生产力的事情上，花在不能够替代的事情上，就像吃饭，你能让别人来替代么？不能替代，必须自己吃，所以这个时间是一定要花的。睡眠，太重要了，你能不睡吗？你需要恢复精力体力，需要新陈代谢，这个时间得花呀，这些是你非得要做的事情。吃饭睡觉是不能替代的，那么学习呢？你能让别人替你学习么？学习要靠自己去学习，这些都是重要的，你必须要去做的。但是很多其他的事情你是可以分配的。

*6.*刺猬效应——通用电气公司的管理之谜

"刺猬效应"来源于西方的一则寓言,说的是在寒冷的冬天里,两只刺猬要相依取暖,一开始由于距离太近,各自的刺会刺到对方,后来它们调整了姿势,终于找到了适当的距离,不但互相之间能够取暖,而且很好地保护了对方。

【财富聚焦】通用电气公司的管理之谜

通用电气公司是美国,也是世界上最大的电器和电子设备制造公司,它的产值占美国电工行业全部产值的 1/4 左右。这家公司的电工产品技术比较成熟,产品品种繁多,据称有 25 万多种品种规格。它除了生产消费电器、工业电器设备外,还是一个巨大的军火承包商,制造宇宙航空仪表、喷气飞机引航导航系统、多弹头弹道导弹系统、雷达和宇宙飞行系统等。在美国《工业研究》杂志举办的 1977 年度 100 种新产品的评选中,美国通用电气公司的新产品获奖最多。闻名于世的可载原子弹和氢弹头的阿特拉斯火箭、雷神号火箭就是这家公司生产的。

通用电气公司经营多样化,品种规格繁杂,市场竞争激烈,它在企业组织管理方面也积极从事改革。20 世纪 50 年代初,该公司就完全采用了"分权的事业部制"。当时,整个公司一共分为 20 个事业部。每个事业部各自独立经营,单独核算。以后随着时间的推移,企业经营的需要,该公司对组织机构不断进行调整。1963 年,当波契 (Boych) 接任董事长时,公司的组织机构共计分为 5 个集团组、25 个分部和 110 个部门。当时公司销售正处于停滞时期,5 年内销售额大约只有 50 亿美元。到 1967 年以后,公司的经营业务增长迅速,几乎每一个集团组的销售额都达 16 亿美元。波契认为业务扩大之后，原有的组织机构已不能适应。于是把 5 个集团组扩充到 10 个，把 25 个分部扩充到 50 个，110 个部门扩充到 170 个。他还改组了领导机构的成员，指派了 8 个新的集团总经理、33 个分部经理和 100 个新的部门领导。同时还成立了由 5 人组成的董事会，他们的职责是监督整个公司，并为公司制定比较长期的基本战略。

在 20 世纪 60 年代末，通用电气公司在市场上遇到威斯汀豪斯电气公司的激烈竞争，公司财政一直在赤字上摇摆。公司的最高领导为化解危机，于 1971 年在企业管理体制上采取了一种新的战略性措施，即在事业部内设立"战略事业单位"。这种"战略事业单位"是独立的组织部门，可以在事业部内有选择地对某些产品进行单独管理，以便事业部将人力物力能够机动有效地集中分配使用，对各种产品、销售、设备和组织编制出严密的有预见性的战略计划。这种"战略事业单位"可以和集团组相平；也可以相当于分部的水平，例如医疗系统、装置组成部分和化学与冶金等；还有些是相当于部门的水平如碳化钨工具和工程用塑料。通用电气公司的领导集团很重视建立"战略事业单位"，认为它是"十分有意义的步骤"，对公司的发展是一个"重要的途径"，1971 年，该公司在销售额和利润额方面都创出了纪录。从该公司 60 年代到 70 年代中迅速发展的情况看，这项措施确乎也起了不少作用。从 1966 年到 1976 年的 11 年中，通用电气公司的销售额增长了一倍，由 71.77 亿美元增加到 156.97 亿美元；纯利润由 3.39 亿美元增加到 9.31 亿美元。同时期内的固定资产总额由 27.57 亿美元上升到 69.55 亿美元。

通用电气公司的总裁斯通平时在工作中就很注意身体力行刺猬理论，尤其在对待中高层管理者上更是如此。在工作场合和待遇问题上，斯通从不吝啬对管理者们的关爱，但在工余时间，他从不要求管理人员到家做客，也从不接受他们的邀请。正是这种保持适度距离的管理，使得通用的各项业务能够芝麻开花节节高。与员工保持一定的距离，既不会使你高高在上，也不会使你与员工互相混淆身份。这是管理的一种最佳状态。距离的保持靠一定的原则来维持，这种原则对所有人都一视同仁：既可以约束领导者自己，也可以约束员工。掌握了这个原则，也就掌握了成功管理的秘诀。企业管理心理学专家的研究认为：企业领导要搞好工作，应该与下属保持亲密关系，但这是"亲密有间"的关系。一个原本很受下属敬佩的企业领导，后来由于与下属"亲密无间"相处，他的缺点便显露无遗，结果不知不觉地使下属改变原有的看法，甚至变得令下属失望和厌恶。特别要提醒的是，企业领导与下属"亲密无间"地相处，还容易导致彼此称兄道弟、吃喝不分，并在工作中丧失原则。

【财富通】

通用电气公司的成功与它应用刺猬法则来管理企业是分不开的。刺猬法则强调的就是人际交往中的"心理距离效应"。运用到管理实践中，就是领导者如要搞好工作，应该与下属保持亲密关系，但这是"亲密有间"的关系，是一种不远不近的恰当合作关系。与下属保持心理距离，可以避免下属的防备和紧张，可以减少下属对自己的恭维、奉承、送礼、行贿等行为。这样做既可以获得下属的尊重，又能保证在工作中不丧失原则。一个优秀的领导者和管理者，要做到"疏者密之，密者疏之"，这才是成功之道。

7. 羊群效应——温州商人的羊群行动

羊群效应是指人们经常受到多数人影响，而跟从大众的思想或行为，也被称为"从众效应"。人们会追随大众所同意的，自己并不会思考事件的意义。羊群效应是诉诸群众谬误的基础。经济学里经常用"羊群效应"来描述经济个体的从众跟风心理。羊群是一种很散乱的组织，平时在一起也是盲目地左冲右撞，但一旦有一只头羊动起来，其他的羊也会不假思索地一哄而上，全然不顾前面可能有狼或者不远处有更好的草。因此，"羊群效应"就是比喻人都有一种从众心理，从众心理很容易导致盲从，而盲从往往会陷入骗局或遭到失败。

🛍 【财富聚焦】温州商人的羊群行动

我们先来看一篇摘自温州商报名为《温州 30 来家跑腿公司如今只剩 6 家》的文章。

徐强在温州经营一家飞豹跑腿公司，他这几天正式结束了跑腿公司业务，转做医院医疗器械配送服务。跑腿公司在 3 年前，公司服务部曾经发展到 30 来家，在温州满城飞跑的跑腿行当，如今却面临着无"腿"可跑的状况，只有 6 家左右公司还在坚守，其他人则和徐强一样选择撤退或转行。

温州跑腿行当始于 2005 年，两名来自江西的外来务工者开出了温州第一家"温州跑腿服务有限公司"，从代办汽车年检、上保险、交水电费、处理罚单，到代买菜、送饭，以及送包裹、物件、礼物、请帖，甚至是代排队，只要大家想得出来需要出门去跑的事，几乎都在他们的"代劳"范围内。据杭州媒体报道，这也是浙江第一家跑腿公司。这种跑腿服务经过一段时间的适应后，逐渐被温州市民接受。

随即，很多温州的创业者和家政公司看上了这个行当，跑腿公司、跑腿业务随后不断开出，2007 年这个行当达到了顶峰，徐强也正是在这个时候进入这个行当。徐强说，2007 年，曾有 30 来家正式注册的跑腿公司和跑腿服务部，再加上众多没经过注册的个体经营者，几乎每个主要商业区和住宅区都有布点，数百名穿着各公司、服务部标志马甲的专职和兼职跑腿员满城飞跑，可是这种红火并没有持续太久。

温州城市快捷代办服务有限公司负责人说，2009年，就有半数以上公司、服务部消失，今年则继续延续这种颓势。据温州市工商局信息，目前温州市区只有6家跑腿公司、服务部在册，其中两家还是今年刚注册的。记者发现，这些公司、服务部多集中在商业网点布点相对弱一些的新城一带。

跑腿公司从满城飞跑到如今纷纷撤退，主要原因就是如今几乎无"腿"可跑。据几家跑腿公司透露，红火时一天三四十单都很平常，但如今一天最多也只有20来个单子。这种萧条的业务量，自然让徐强等人萌生寻找更好行当的想法。

那么无腿可跑的原因是什么？城市快捷代办服务有限公司负责人认为，主要是代买肯德基、多美丽等快餐、代叫饭、代买菜、代买香烟零食等跑腿公司原先主要的业务来源，现在在肯德基、遍地开花的便利店和快餐店等相关企业纷纷推出外卖送货上门服务后，几乎丧失殆尽。徐强说，他和同行也曾接洽肯德基等企业，但被一口拒绝，原因是肯德基等快餐为保证食品质量对送餐的速度有讲究，跑腿公司"兼办性"的服务特点无法满足其快速送达要求。而便利店和快餐店、饭摊等处又因商品利润空间过小而无法合作。只剩下的代送物品业务，也在众多快递公司的冲击下勉强维持。

其实，即便业务量不锐减，2009年后徐强等人也未必坚守得下去。跑腿公司生存发展的支撑来自业务量和跑腿员的低工资，但2008年之后，员工工资逐年上涨，低工资招人困难，而提高工资招人，跑腿利润不高的跑腿公司肯定吃不消。归根结底，还是跑腿公司这种服务业门槛低，不具有核心竞争力。任何人、任何层次都可进入这行，跑腿服务经营者的经济实力都很一般，不具备抵御市场变化的能力。

转行还是升级？

面对生存空间不断压缩，跑腿公司、服务部要作出很现实的选择：撤退转行，还是坚守这个行当？

结束了飞豹跑腿公司的徐强，现在专做温州各大医疗机构的医疗器械配送业务，这是飞豹跑腿以前的业务之一。徐强说，寻找所经营商品有一定利润空间的企事业合作，做专不做杂，摆脱那些看似热闹实际没什么钱可赚的业务，可成为跑腿公司转行的一个方向。

现在还在坚守的温州城市快捷代办服务有限公司，则在去年改掉了原先的"跑腿"名称，注册为综合性服务公司，业务调整为以同城快递为主，其他代办服务为辅，今年还要将快递业务范围拓展到温州各县市乡镇，今后则向外地发展。

徐强等改行或坚守者都认为，服务业社会分工细化是趋势，跑腿这个行当肯定还有它生存的土壤，只不过在生存空间被严重压缩的情况下，没有找到核心竞争业务的跑腿公司、服务部的日子还会越来越难。

【财富通】

羊群是一种很散乱的组织，平时在一起总是盲目地左冲右撞。如果一头羊发现了一片肥沃的绿草地，并在那里吃到了新鲜的青草，后来的羊群就会一哄而上，争抢那里的青草，全然不顾旁边虎视眈眈的狼，或者看不到其他地段有更好的青草。在市场上，由于对信息不充足的和缺乏了解，投资者很难对市场未来的不确定性作出合理的预期，往往是通过观察周围人群的行为而提取信息，在这种信息的不断传递中，很多人的信息将大致相同且彼此强化，从而产生从众行为。"羊群效应"是由个人理性行为导致的集体的非理性行为的一种非线性机制。

经济学里每每用"羊群效应"来描写经济个别的从众和跟风心理。一旦有一只头羊动起来,其他的羊也会一哄而上,而盲从每每会堕入圈套或受到失利。

羊群效应的出现一般在一些竞争十分剧烈的行业中,并且这个行业上有一个当先的领头羊先行进入。

羊群效应或许解释了为什么温州出现的是小商品市场,而非一个世界级大商场;为什么温州商人还不能发展为像犹太商人一样的群体。

8. 手表定律——铱星公司的破产

只有一块手表,可以知道时间;拥有两块或者两块以上的手表不仅不能告诉一个人更准确的时间,反而会制造混乱,会让看表的人失去对准确时间的信心。这就是著名的手表定律。深层含义在于:每个人都不能同时挑选两种不同的行为准则或者价值观念,否则他的工作和生活必将陷入混乱。

手表定律在企业管理方面给我们一种非常直观的启发,就是对同一个人或同一个组织不能同时采用两种不同的方法,不能同时设置两个不同的目标,甚至每一个人不能由两个人来同时指挥,否则将使这个人无所适从。

【财富聚焦】铱星公司的破产

铱星公司成立于 1991 年,第一大股东是摩托罗拉公司,摩托罗拉占有铱星 18% 的股份。摩托罗拉公司从 1987 年就开始策划"铱星系统"计划,耗资 50 多亿美元,历时 11 年,旨在通过分布在太空中的 66 颗低地球轨道卫星把地球包围起来，从而组成全球通信网络。这套通信系统可以跨越时空的限制，使顾客能够在高山、大洋及南、北极等地方顺利通话，卫星电话集天线、接收机、发射机、数字解码器于一体，科技含量极高，能够很好地适应海上探险、极地考察、登山及偏远地区通信的特殊需要。每颗铱星重达 680 千克，设计寿命为 5—8 年。铱星公司于 1998 年 11 月正式投入商业运营，遗憾的是，这家公司经营不到 10 个月，就因客户寥寥，欠下了 40 多亿美元的债务。1999 年 8 月 13 日，铱星公司因为无力支付 15 日到期的 9000 万美元债券利息，被迫向特拉华州的联邦破产法院申请破产保护，希望通过此举来重组债务，让公司起死回生。根据美国《破产法》规定，申请破产保护的公司，可以在重组债务的同时继续经营。为了维持铱星公司的运作，由摩托罗拉公司和 TELEDESIC 公司（通过卫星进行因特网数据传输业务）的主要股东麦克维注资 500 万美元，使公司得以继续运作。

当时全世界经营卫星电话的公司只有寥寥几家，除铱星公司外，还有 1991 年成立的"全球星通信公司"和 LCO 通信公司。LCO 公司 1995 年成立，1998 年 7 月在纳斯达克上市，但 1999 年便申请破产保护，同年 12 月 16 日公司股票被纳斯达克除名。由于风险投资家麦克维买下了这家公司，公司生命才得以延续。该公司打算发射 12 颗卫星，但不幸的是，3 月 12 日的海上卫星发射宣布失败，使 LCO 公司受到不小的打击。此前，麦克维曾有将 LCO 公司和铱星公司合为一体的构想，并开价 6 亿美元欲购铱星公司。但 3 月 3 日，麦克维却正式通知铱星公司，他名下的"鹰河投资公司"对收购铱星公司不感兴趣。舆论认为，麦克维的决定为铱星公司打下了棺材上的最后一颗钉子。

麦克维无力吞下铱星公司的声音传输业务。根据专家分析，铱星公司的 66 颗卫星要不了几年就需要更换，而现在仅维修一项每年就需耗资 2

亿美元。一旦麦克维接手，就意味着不得不冒险再投几十亿美元的巨大风险，同时铱星公司遗留的庞大债务也让麦克维望而却步。

从理论上来说，只有"全球星"公司才会对铱星公司抱有兴趣，但全球星公司也是自顾不暇。在这种情况下，曼哈顿的破产法院为此制定了"逐渐中止业务"方案，限铱星公司必须在 3 月 17 日前找到买主，否则就进入清算程序。铱星公司一直在等待着新的投资者，尽管倒计时的嘀嗒声让铱星公司的老板坐立不安，但大限之日到来之时，"救世主"并没有出现。

根据破产债务清偿顺序，银行贷款需优先偿还，因此一些银行和机构投资者可获得 16% 的欠款，而股票和债券持有者大都血本无归。由于铱星公司在美上市是由美林集团和所罗门兄弟公司帮助推销的，据说，这两个上市公司被部分投资者起诉。摩托罗拉公司表示，1 月之后直接从该公司购买的手机，可以获得 100% 的退款，前提是手机完好无损。而在此之前购买的手机可能得到部分退款。全球星公司已放风愿折价收购旧机，期望客户能加入其母公司——沃达丰公司的无线通信网络中去。

一个高科技公司如此短命，成了美国商界的笑话。《华盛顿邮报》评论道："高超的技术并不表明在市场中也占有优势。如果投资 50 亿美元并获得相应的市场，当然是好事，反之就会成为公司的一大耻辱。"铱星公司的卫星电话素以价格昂贵而著称，最初一部手机的体积有一块砖头那么大，一部卫星电话的裸机价格超过 3000 美元，每分钟的通话费高达 7 美元，且在汽车或房间内不能正常通话。

在失去了市场依托之后，一颗颗飞在天上的铱星则变成了太空垃圾。而铱星公司还需要在未来 6 个月内花费 3000 万至 5000 万美元，让 66 颗铱星脱轨，或在大气层中烧毁，或堕入大海。铱星公司的破产为美国 MBA 课程多了一个生动的案例。

【财富通】

铱星计划被有的人看作是最了不起最失败的企业计划,关于他的失败,原因是多方面的, 有决策构架、市场运营构架、市场机会失去、铱星系统本身不足、商业运营起步不好、科技不够,等等。

编者用手表定律来解释他失败的一个原因。铱星计划旨在通过分布在太空中的 66 颗低地球轨道卫星把地球包围起来,从而组成全球通信网络。这套通信系统可以跨越时空的限制,使顾客能够在高山、大洋及南、北极等地方顺利通话,卫星电话集天线、接收机、发射机、数字解码器于一体,科技含量极高。这本身就是一个大而全的目标,在当时的科技条件下还不足以支持实现这样的目标,铱星计划不仅拥有两块手表,它拥有的是多块手表,在一系列因素的综合作用下,它最终走向了破产。

财富秘密

第五则

金融风暴启示录

本章导读：面对突如其来的金融风暴，估计谁都乐不起来。在美国金融危机蔓延、全球金融动荡的背景下，每个人不可避免地要面对金融危机带来的一系列负面效应。如何寻求突破改变经济现状，是每一个人需要考虑的问题。很多人都恐惧金融危机，但是极少有人真正知道什么是金融危机，金融危机是如何爆发的，要想避免金融危机带给自己的负面影响，我们就必须了解金融危机，才能分析自己该如何面对金融危机，该采取哪些对策以使自己顺利地度过危机。

1.恐怖的金融风暴究竟是如何爆发的？

金融危机又称金融风暴，是指一个国家或几个国家与地区的全部或大部分金融指标，例如短期利率、货币资产、证券、房地产、土地（价格）、商业破产数和金融机构倒闭数的急剧、短暂和超周期恶化。金融危机可以分为货币危机、债务危机、银行危机等类型。

近年来金融危机呈现某种形式混合的趋势。金融危机的特征是人们基于经济未来将更加悲观的预期，整个区域内货币币值出现较大幅度的贬值，经济总量与经济规模出现较大幅度的缩减，经济增长受到打击，往往伴随着企业大量倒闭，失业率提高，社会普遍的经济萧条，有时候甚至伴随着社会动荡或国家政治层面的动荡。自次级房屋信贷危机爆发后，投资者开始对按揭证券的价值失去信心，引发流动性危机。即使多国中央银行多次向金融市场注入巨额资金，也无法阻止这场金融危机的爆发。直到 2008 年 9 月 9 日，这场金融危机开始失控，并导致多家大型的金融机构倒闭或被政府接管。

2008 年下半年，美国次贷危机进一步加深。有 158 年历史的雷曼兄弟宣布申请破产保护——而这家美国第四大投行的倒下也波及了其在华业务——虽然雷曼中国的声明中表示破产保护的只是母公司，上海办事处的运行一切正常，但是华安基金还是发布了其国际配置基金的相关风险提示，称雷曼破产一事可能导致其无法开展正常赎回业务。另外，雷曼亚洲期货证券业务已经停业，港交所也暂停了雷曼权证在港交易，之前雷曼兄弟在中国的大量投资也可能受到波及。再之后，形成了一场影响全球的金融风暴，工厂倒闭，工人失业。

"我想保住饭碗！"几乎在全世界，你都可以听到这样的声音。金融危机引爆了全球裁员降薪潮，随着呼风唤雨的五大投行接连倒塌，整个华尔街风雨飘摇。大批曾经风光无限的华尔街白领不得不面对失业或转行的残酷现实。从星巴克到摩托罗拉，从摩根大通到英国电信，大规模降薪裁员逼近越来越多的人，一夜之间失去收入来源和稳定生活的人加速增加。而在我国，在全球金融危机的重压之下，2008 年已有 67 万家小企业被迫关门（王红茹：《农民工失业问题凸显》）。

财富圈
——从第一桶金到身家过亿的秘密

【财富探秘】

关于这次全球性金融危机产生的原因，比较多见的解释有"制度说"、"政策说"和"市场说"。"制度说"认为，高度自由、过度竞争的经济制度和金融体系是全球金融危机产生的制度原因。"政策说"则认为，长期的低利率和宽松的货币政策是全球金融危机形成的政策基础。"市场说"则从更微观的角度分析金融危机产生的原因，他们认为，金融的过度创新和监管的相对滞后，金融工具的结构化、衍生性和高杠杆趋势，导致了金融市场过度的流动性，加剧了金融体系的不稳定程度，是这次金融危机产生的直接原因。

上述三种解释无疑都有一定的道理，但笔者更倾向于"周期说"，即认为这次金融危机是全球经济长周期的一种反映，是 20 世纪 30 年代大危机以来全球经济结构、贸易结构、金融结构大调整在金融体系上的一种必然反映。它是对国际经济金融体系中实体经济与虚拟经济之间严重的结构性失衡的一次重大调整，以实现资本市场、金融资产在规模和结构上与其赖以存在的实体经济相匹配。从这个意义上说，"百年一遇"的全球性金融危机只会发源于美国、发端于华尔街。因为，在那里，实体经济与虚拟经济（现代金融），无论在规模上，还是在结构上都已严重失衡，华尔街的极端利己主义行为把这种失衡推向了极端，从而使金融危机一触即发。雷曼兄弟公司的破产，捅破了金融危机最后一层窗户纸。可以认为，这场发端于美国的全球金融危机，是七分天灾，三分人祸。实际上，"周期说"、"制度说"、"政策说"和"市场说"都在不同层次上解释了这次金融危机的产生原因，它们具有某种内在的联系。

另外，笔者认为，金融资产规模的快速扩张是不是背离了实体经济的要求，这需要深入分析。但在做这种分析时，我们必须思考一个很重要的问题——实体经济与虚拟经济（现代金融）谁主沉浮？"谁主沉浮"这个提法包含了两方面的含义：一方面是指金融、资本市场的发展从最终意义上说必须受制于实体经济，没有实体经济的增长，金融的快速发展就会失去基石。如果金融快速发展到了"泡沫化"的程度，则势必对金融体系和实体经济产生严重损害。另一方面，以资本市场为核心的现代金融，并不完全依附于实体经济，并不是实体经济的附庸。金融发展到今天，实体经济与现代金融并不是一个主宰与附庸的关系它们之间实际上是相互推动、相互促进的关系。

当然，今天我们可以很清楚地看到，这次金融危机的确起始于资本市场和金融体系，然后再感染和影响实体经济，从而导致实体经济的衰退。从这个意义上说，是现代金融主实体经济之沉浮。由于金融结构的变化和功能的转型，资本市场与实体经济的关系正在发生微妙的变化，表现为依附——相关——游离——收敛的变化过程。目前的金融危机其实就是实体经济与虚拟经济（现代金融）过度发散关系的收敛过程。这种收敛过程实际上也是能量积聚过程，目的是为下一轮更大程度的游离创造条件。收敛过程既可以以金融危机的形式表现，也可以以金融市场的波动显示。反复不断地收敛就是波动，突然大幅度收敛就是危机。游离的过程是金融资产膨胀的过程。金融波动或金融危机既是金融风险释放的过程，也是金融体系调整的过程。

【财富启示】

国际劳工组织表示，全球金融危机有可能使世界失业人口增加2000万人。受危机影响最严重的包括建筑、汽车、旅游、金融、服务和房地产等行业。由于经济衰退愈演愈烈，美国、欧洲、日本多家大公司在2008年1月26日同一天宣布大规模裁员计划，令世界各地共有超过9万人同时面临失业。金融市场的情况异常严峻，预计全球金融机构的员工有1/4—1/3被裁减。工作，是每个人安身立命之本，在此，我们为大家总结几条金融危机期间工作基本守则：

1. 不要辞职，不要换工作，不要转行；

2. 多备份几个自己可以去的公司职位；

3. 不主动要求老板涨工资，裁员往往从工资高的裁起；

4. 多帮朋友留意工作机会、多介绍，轮到自己找工作时，才会有朋友帮你。

2. 风暴之中，美国为何一直要让人民币升值

 【财富观察】美国一直要求人民币升值的过程

人民币的升值不仅被业内人士所密切关注，甚至已成为普通百姓经常谈起的话题，而国际上的压力、特别是来自美国的压力则是人民币持续升值的一个重要因素。诸多方面的信息显示，在人民币汇率问题上，中美长期交锋。我们一起来看一下人民币的升值过程：

1994 年以后，中国实行的是钉住美元的有管理的浮动汇率制度，到 2003 年 7 月份，人民币对美元汇率始终在 8.70—8.27 兑 1 美元的范围内窄幅波动。同期，中国的 GDP 从不足 5000 亿美元增加到 1.64 万亿美元；外贸总额从 2366 亿美元增加到 8510 亿美元；外贸顺差 10 年间累计为 2544 亿美元；外汇储备从 212 亿美元增加到 4033 亿美元。国外舆论认为，中国的贸易顺差是政府采取压低人民币汇率的手段获得的。在国际上，超常的外汇储备和贸易顺差通常会引发贸易摩擦，可谓"树大招风"。

2003 年 7 月 21 日，美国《商业周刊》刊登美国前商务部副部长、耶鲁

大学管理学院院长杰弗里·加滕的文章指出："中国的问题更大,由于巨额的贸易顺差和日益增长的外汇储备,因此应该要求中国对人民币进行重新估价。"此后不久,美国财长约翰·斯诺也公开表示,中国政府应逐步迈向市场主导的弹性汇率制度,希望中国实行更加灵活的汇率政策。2003年9月,斯诺财长曾为此专程访华。

2005年7月21日,中国人民银行宣布人民币升值2个百分点,8.11元人民币兑换1美元,此后每天的浮动一般不超过3‰,实施"主动性、渐进性、可控性"的政策,具体操作采取"窄幅波动、小幅攀升、摸着石头过河"的办法。根据中国国家信息中心模型测算,人民币升值2%将一次性让GDP增速下降0.2个百分点,就业减少50万人。

2006年12月14—15日,首次中美战略经济对话在北京举行。美国财长保尔森要求人民币在2007年内继续升值5个百分点,也就是要人民币在2007年内升到7.44元兑1美元,并称中美战略经济对话的核心问题是人民币汇率。

2007年2月7日,保尔森在参议院银行委员会说,布什政府在面临贸易逆差不断扩大的情况下,已经竭尽所能地敦促中国政府加快人民币升值的步伐。他说,中国尚无一套美国所期望且自身所需要的货币政策,并威胁说如果中国不加速人民币改革步伐,国际社会将对其失去耐心。5月2日,保尔森在华盛顿彼得森学院的讲演中说:中国的人民币币值问题已经成为在处理美中巨额贸易赤字等经济问题上进展缓慢的一种标志。人民币对美元升值的进展太缓慢。保尔森"警告"北京说,他担心自己将在国会受挫,尤其是在人民币币值问题上,"显而易见,不是有可能而是极有可能国会将通过立法来进行干涉"。对国会有很大影响的美国智库在人民币汇率问题上的态度十分强硬。

之后的美国,一直没有停止过让人民币升值的行动。

财富圈
——从第一桶金到身家过亿的秘密

【财富揭秘】

国外鼓噪人民币升值的原因不外乎以下几点：一是人民币汇率过低。有人提出应将人民币汇率确定在 1 美元兑 4.2 元人民币左右的水平。二是中国外汇储备过高，中国入世以来，并没有出现进口激增，相反贸易顺差大幅增加。三是中国廉价商品大量出口造成世界通货紧缩。美国之所以施压人民币升值，是认为中国实行的"盯住美元汇率"政策，使美元贬值的积极效用没能全面发挥，只是"极大地增强了中国企业的出口竞争力，刺激了中国产品的出口"。

金融霸权作为军事霸权和经济霸权的延伸，美国凭借其在国际货币体系中的主导地位，随意按照自己的意志强制性地推行其政策，不断获取霸权利润，维护其"金融霸权国"地位。美国通过美元贬值，既能减轻其外债负担，每次美元大幅贬值都能使美国债务减少 1/3，又能刺激其产品的出口，还能转嫁其各种经济危机，成为其对其他国家进行剥削的主要形式。人民币汇率之争的根本目的，就是美国希望通过人民币升值，阻碍中国商品大规模进入美国。

在美国看来，中国是对其拥有巨额货物贸易顺差的国家，2003 年对美货物贸易有 1250 亿美元顺差（中方统计是 590 亿美元）；近两年欧元、日元、加元、澳元、英镑等都对美元有较大幅度的升值，而人民币与美元汇率未变，并且在美联储广义汇率指数中人民币有近 10% 的权数。因此，美国希望人民币对美元升值帮助减少其经常项目赤字。

另外，美国一些人认为，近两年中国经济正处于快速增长过程中，中国政府致力于实施宏观调控、消除经济过热，此时向中国施压，或"晓以利害"，将比较容易达到其实现人民币对美元升值的目标。美认为，人民银行为维持人民币对美元的固定汇率，在外汇市场上大量购进美元，扩大了基础货币投放，不利于中国灵活运用利率、货币供应量等货币政策手段，控制信贷的增长和抑制经济过热。许多投机性资本因人民币低估及预期的升值而源源不断流入，也对银行信贷扩张和房地产价格过快上升有刺激作用。而与人民币升值相伴的进口增加和出口减少，则有助于增加中国的总供给，减少中国的总需求，符合中国抑制经济过热的需要。

同时，美国还有一些决策者认为，中国正在借低估币值，步日本和亚洲"四小龙"的后尘，走出口导向型增长之路；美国在过去曾成功地逼迫它们将货币升值，也希望能对人民币"重演故技"。

【财富启示】

人民币升值，有利亦有弊，但对我国整体而言，弊大于利，他会损坏我国现在靠出口拉动的经济，进而影响我国工业生产，不利于就业。但从小的方面来说，人民币升值意味着人民币变值钱了，利于我国居民出国旅游，求学等。

面对人民币升值公众应当调整储蓄、投资和消费三大结构。

一是调整储蓄结构。多存人民币，少存外币。目前亚洲有四大流通货币——人民币、日元、韩元和新元，人民币是亚洲的主体流通货币，占流通量40%以上，将来升值空间大。此外，可尝试到外资银行开展人民币储蓄业务。汇率放开之后，一些外国银行相继进入我国，今后可能从事居民的人民币储蓄业务，届时可以拿出一部分人民币储蓄到外国银行，通过多元化储蓄能分散风险。相对来说，外国银行坏账少、资金质量好，服务质量好。

二是调整投资结构。过去储蓄的利率相对比较高，储蓄本身也相当于投资，而且获益稳定。目前储蓄的利率很低，因此不能全依靠储蓄来保值和增值。公众可以考虑拿出一部分人民币购买不动产，比如山林、土地、房产等，因为实物保值比货币保值风险性更小。

三是调整消费结构。陈永昌说，现在我国的居民储蓄率高达46%，居世界首位。储蓄高、消费不足的原因主要有三条：

1. 中国人节俭攒钱的传统习惯,成为一种文化现象。

2. 贫富两极分化,财富分配不均,导致消费相对不旺,城乡差距、贫富差距在拉大。

3. 社会保障不到位。社会保障改革滞后,百姓的自我保障只能是储蓄。

3. 恐怖的风暴带给了全球经济怎样的影响

金融危机的影响愈演愈烈,形成一种"蝴蝶"效应,引发了国际金融风波。已波及许多国家的金融机构和银行,其损失和危害正在逐步显露,给世界经济带来重大和持续的破坏性影响。

次贷危机及其引致的国际金融危机使我国出口加工业面临严峻形势,包括我国在内的许多企业纷纷大量裁员。美国著名职业咨询公司 Challenger、Gray&Christmas 发布的研究数据显示,受金融海啸的影响,2008 年年底,全球 IT 产业有 18 万人失业,这些被裁员工来自雅虎、惠普、北电、摩托罗拉等多家知名 IT 企业。

金融危机引发金融海啸,随着雷曼公司破产,贝尔斯轰然倒下,白岩银行被迫收归国有,一个个金融界巨人相继倒下。据了解,受经济危机冲击,截至 2009 年 7 月 2 日,美国国内 2009 年破产银行总数达到 52 家,较 2008 年全年高出一倍以上,是 90 年代存款及贷款危机以来最多的一次,也超越了 1993 年的 50 家。金融危机最典型的表现就是金融机构接连倒闭、金融系统紊乱、汇率下跌、资本外逃、投资萎缩、GDP 下降。这些风暴波及的范围以及时间不仅决定了全球化的金融发展进程,也是其是否诱发更深层的经济危机的因素。

美国金融市场次贷危机对加剧房地产泡沫起到了推波助澜的作用。由于欧美房地产泡沫爆裂,导致次贷危机爆发,投资者信心大挫,反过来,次贷危机进一步影响房价,导致最终金融危机不断深化。美国次贷危机发生的很大原因在于对华尔街投行监管漏洞。银行私有化的美政体下风险控制基本依赖投行的行业自律,造成风险的大量积累,最终风险集中暴露成系统危机。信用危机导致信心危机,信心危机导致发展危机。全球金融危机不但对世界经济造成巨大冲击,而且还深刻影响和改变整个金融体制和金融机制,继而影响和改变经济全球化的发展进程。

金融危机对世界经济的影响是多方面的,它形成了一个连锁反应,深刻改变世界经济的进程,甚至影响到个人生活的方方面面。

【财富解密】

众所周知,金融市场有初级市场和二级市场。初级市场由公司通过发行新的股票和债券来筹集资金,而二级市场则能够不仅让投资者可以迅速从事交易以及买到不同风险和收益特征的证券,亦能使金融机构对市场资金效果以及日后证券发放利弊进行评判。所以,一级市场本身就出了问题,接下来二级市场便会如滚雪球一样不断堆积与反馈。西格尔认为,真正的原因在于:金融机构以借贷的资金购买,并且持有大量与抵押贷款相关的高风险资产,以及相应的保险。讽刺的是,这些金融巨头没有必要持有这些证券,所以创造、打包并销售这些证券,如此他们已经赚得盆满钵满了。然而,当 AIG 的 CEO 们开着法拉利、保时捷叫嚣自己的薪水太低、待遇不公的时候,可否想过,成千上万的市民因为持有这种风险资产与垃圾债券,引发出的多米诺效应若不加以控制,终究会影响到他们自身的利益。另外,这次金融危机集中暴露了美国民众借贷消费生活模式的弊端,相对容易地获得贷款使得美国居民可以在不断扩大自身的财富约束的同时,却亦诱发各种不良资产甚至次贷风险的潜在因素。

具体来说,各种金融非金融风险包括外汇风险、信用风险、流动性风险、市场风险、国家或主权风险、成本因素和经营风险,甚至破产风险,等等。在既已发生的金融海啸的国际环境下,市场、政府和企业发生连锁反应,市场低迷直接导致国际需求的变化,同时提升了汇率风险和信用风险;政府通过贸易政策设置壁垒,企业的成本因素受到冲击,经营风险加大,正是由于这些因素的复合作用,出口加工业成本上升、融资困难、外需不振、议价力低的四种压力导致企业大量裁员甚至破产。美国经济学家Fisher(1933)提出的债务——通货紧缩理论首开金融危机理论研究先河。该理论指出未预期到的物价下降在债务人与债权人之间再分配财富,使债务人变得更加富有而使债权人变得更加贫穷。于是过度负债和通货紧缩的相互作用,导致金融危机的周期性。Kindleberger(1978)他认为对金融资产的疯狂投机行为导致了20世纪30年代的大危机,并推出了"泡沫金融"理论,提出"过度交易"诱发金融危机。货币主义的代表弗里德曼等(1963)提出,货币供应量视角的普适性对于经济大萧条可以作出剖析,弗里德曼认为导致"金融大危机"的原因是美联储的失职(错误的货币政策)以及其所导致的银行体系危机。

【财富启示】逆市充电

恐怖的金融风暴对世界经济产生广泛而深远的影响,作为世界经济中的个人当然在所难免,也深受金融危机之害。笔者在此要对大家说的是风暴袭来有危也有机,当金融危机来临,我们恰好可以抓住这个机会,来一个"逆市充电"。

"牛市揽财,熊市添智。"无论是应届毕业生还是准备跳槽的人士或是职场人士,在金融危机来临时,无须过度恐慌。认清形势,认清自己,在外因无法改变的情况下，如何发挥主观能动性是值得思考的问题。认清自己的知识、能力和职业定位，把更多的精力放在提升自我能力上，苦练内功，扬长避短，才能从挑战中寻找机遇，尽量将不利因素转化成有利因素。在经济下行的时候更要舍得为充电掏腰包。调查显示，更多的人通过充电让自己在职场变化中由被动变得更主动。其中，82% 参加调查的人士表示充电是为了"丰富知识，提升专业水平"；68% 的人为"扩大圈子内的人脉"；52% 的人视之为"职位晋升的有效途径"；20% 的人把充电作为"一条转行的通道"。除选择读书或参加读书俱乐部之外，将更多精力投入商学院去读 MBA 或学习新的商业管理知识也是诸多职场精英的又一选择。有关媒体曾报道全球金融危机之下的"中国 MBA 涨价"就是一个明显的例证。金融危机寒流并未阻挡 MBA 报考热潮反而带来强劲增幅，中欧国际工商学院 2009 年 MBA 第一轮报名人数比 2008 年同期增长 36%。

如果说读 MBA 的支出过于昂贵，对普通的打工一族略显奢侈的话，也可以通过选择英语、专业技能等培训班，各种专业认证资格考试或者成人教育等多种途径来提升自己的含金量，把自己培养成为多技能员工 (Multi-skill Employee)。这样，你在公司里就能被弹性地运用，万一公司缩编，或者是部门调整，你还有其他的道路可以发展。按照以上做法，你会发觉，即使经济不景气，你仍会是职场最耀眼的明星，有能力应对裁员风暴所带来的心理挑战。如果你感觉到在经济危机期间加班时间减少，时间可以更自由掌握，那么不如把空闲的时间用来给自己充电，在确保不影响工作的前提下，选择一些自己经济能力能够承受的学习方式。哪怕只是制订一个详细的读书计划，只要持之以恒，通过自学和自我激励，未尝不是一个省钱、高效的充电方式。

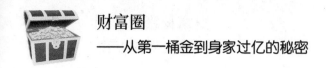

4. 中国政府是如何成功应对经济危机的

在 2008 年全球金融风暴下,中国经济受到重创:大量外国资本外流,造成短期内流动资金不足,导致过高的有形资产价格无法维持,如房地产价格、钢铁价格等,大量的房地产商已无法坚持下去,通过相关媒体频频发出救市信号,由于我国的经济已经被房地产与汽车行业绑定,所以某些地方政府已经出台相关政策来扶持摇摇欲坠的房市。

通货膨胀,物价走高,政府只能通过物价管制来控制物价(CPI– 物价指数),但是对物价影响巨大的原材料价格(PPI)居高不下,没办法,中国已经失去了国际市场上涨原材料的定价权,如:大豆、铁矿石、原油、大米等,此外由于美元的继续贬值,直接导致大宗商品期货价格大幅走高,看看现在黄金的价格就知道了。

经济衰退,根本无法保持 10% 以上的 GDP 增幅,大量中小企业由于无短期资金拆借,以及全球金融危机影响,大量生产加工企业倒闭,比如:东莞、昆山、江浙一带的大量企业倒闭,光东莞一处现已经倒闭超过 2000 多家中性出口类企业,要知道中国的 GDP 大部分是由出口创造的,大量的贸易顺差造就了我们大量的外汇储备。

【财富解密】

金融危机的影响在中国全面显现之后,中国政府立即作出快速反应,明确提出了扩大内需的应对方案,立刻将宏观调控的基调由 2008 年初的防止经济过热和防止通货膨胀年中的保增长和控物价调整为全力保增长,并且着手实施积极的财政政策和适度宽松的货币政策。中国政府能够作出这样的快速反应，主要原因在于很早就意识到了中国经济增长的不可持续性，重要的判断在几年之前实际已经完成。

综合已有的情况，中国政府应对这场金融危机的态度和对策可以从三个层面概括：一是对金融危机发展的趋势和中期世界经济增长格局作出判断；二是努力维护开放的国际贸易体制以保护外需；三是通过多种手段扩大内需和调整经济结构。

中国政府意识到，这场金融危机积累的破坏性能量很大，因此要做好最坏和延续时间较长的思想准备，力争最好的结果。与此同时，短期乱局中的长期判断十分重要。尽管发生了历史罕见和百年不遇的金融危机，世界经济增长格局、政府的公共职能、国际货币体系和金融监管模式会发生适应性变化，但市场在资源配置中的基础性作用没有变化；金融在现代经济中的核心地位没有变化，美元在国际货币体系中的重要地位没有变化；中国作为一个发展中国家处于社会主义初级阶段的基本国情没有变化；全球化进程虽然曲折，但其深入发展的趋势不可逆转。中国政府还清醒看到，这场危机不但是巨大挑战，而且是难得机遇，要充分利用危机形成的倒逼机制，在扩大内需的同时，加快结构性调整和改革。

中国政府认为，维持开放的贸易环境和相对稳定的大国汇率，不但对中国而且对全球都有好处，贸易保护主义倾向不但有害于中国，而且对世界都是灾难性的。1929年世界经济危机发生之后，各个国家曾一度采取贸易保护主义政策，使得当时的危机深化，延长了世界经济复苏的时间。因此，中国决心在本次危机面前，积极提倡自由贸易。所采取的政策主要包括：第一，通过双边和多边合作的努力，呼吁创造良好的国际贸易环境，全力反对贸易保护主义，在G20峰会国家领导人的表态明确体现了政府的立场。第二，鼓励出口和进口。虽然全球市场受金融危机影响出现收缩，但国际贸易不可能停止。一方面，继续扩大出口，并加快市场多元化步伐。由于中国出口产品具有需求刚性，但信贷收缩阻碍了贸易商的正常交易，因此采取了增加出口信贷、出口退税等政策措施促进出口，注意与有关贸易伙伴开展货币互换，稳步推进人民币区域化步伐。同时，在一些国家使用汇率贬值政策时，高度重视保持人民币汇率的稳定，防止出现贬值预期，形成可靠的货币锚。另一方面，努力扩大进口。主动通过政府采购方式扩大从发达国家的进口，试图通过国际贸易的扩大激活实体经济，通过实体经济的复苏稳定投资者预期和资本市场。

扩大内需是中国应对国际金融危机的根本举措，已经采取政策的主要内容包括大规模增加政府支出和实施结构性减税。中国政府推出了总额达 4 万亿元的两年计划，规模相当于 2007 年中国 GDP 的 16%，主要投向保障性安居工程、农村民生工程、铁路交通等基础设施、生态环保等方面的建设和地震灾后恢复重建。推出了大规模的减税计划，主要是全面实施增值税转型，出台中小企业、房地产交易相关税收优惠政策，取消和停征 100 项行政事业性收费，预计一年可减轻企业和居民负担约 5000 亿元。实施更加积极的就业政策，特别是出台了促进高校毕业生和农民工就业的各项政策措施，进一步开辟公益性就业岗位，千方百计减缓金融危机对就业的影响。除了上述政策之外，政府实施了"家电下乡"政策，补贴农民购买彩电、冰箱等家用电器，实施有期限的汽车减免购置税政策，重点支持 1.4 升以下排量的小车型，还准备实施支持房地产业发展的政策。面对股市低迷，政府没有出手干预，更没有放弃对非流通股允许流通的承诺，这使资本市场反而有了信心。

总的看，这些政策措施把增加投资和刺激消费结合起来，把克服当前困难和促进长远发展结合起来，把拉动经济增长和改善民生结合起来，对于应对危机逐步起到关键性作用。

【财富启示】抓住经济刺激中的商机

从我国应对经济危机的措施中，我们可以很清楚地看到一点：我国深刻反省金融危机中的教训，将转变经济增长方式，由原来的依靠投资、出口为主拉动经济增长的方式转变为投资、出口、消费并重，今后更加重视消费拉动经济增长模式的转变。扩大内需是中国应对金融危机的根本举措，这样，可以降低我国对国外市场的依赖程度，增强我国经济安全，健康发展。

这意味着，中国将大力发展国内市场，提高国民消费水平。敏锐的人会发现：这里面商机巨大，消费必然带动生产，更诱人的是，中国人口众多，市场庞大，其中蕴藏的商机是人们难以想象的。

作为一名想要致富的人，金融危机的背景下创业该如何把握这个巨大的商机呢？

首先，需要转变思路。面对这样的商机，几乎大部分人第一个想到的就是资金，然后，再会去想产品的营销，最后才会去考虑市场消费者的消费。如果是这样的话，我们想，中小企业可能面对商机又将失去商机。许多人已经成了习惯思维，只要有资金，只要生产能滚动，销售不成问题，这些中小企业主们一直把营销看成是最后一道工程，这种思维方式显然与国家扩大内需的政策不相适宜。

另外，扩大内需的方针，意味着今后我国消费水平将提高，高端市场将大有作为。而现实是现在的中小企业往往对于营销思路考虑的第一个问题就是价格问题，一直在考虑用低价格进行竞争最低端的消费市场，但从来不会去想一想中高端市场的需求。我们的企业只要改变一下思路，通过改换营销渠道，通过技术改造，通过专业的科学态度，从营销创意的各个角度进行开拓，怎么可能没有突破呢？有突破就不会与竞争对手有白热化的激烈竞争，成本问题马上就可以得到解决，利润当然完全把握在中小企业主的手里了。

还有,不要把营销创意当作广告创意来做,选好你想要的专业咨询公司。现在不是一个创意打天下的时代,需要整个营销突出性地完成其他步骤的突破和出位,才能真正解决根本问题。中国的大部分中小企业在关键时刻意识到营销是个大事情时,会非常急切地去找一些营销策划公司进行营销策划,但结果却觉得好像被策划公司骗了一样,不但产品没有了好销量,反而把企业的全部家当给搞了进去。营销创意的过程是一个非常复杂的过程,要是没有经过市场大浪淘沙,真战实练的专业公司是不一定能做到的。

只要我们的中小企业能够正视自己可能习惯形成的误区,拿出相应的市场对策,走出误区,那么就能够抓住商机,成为第一个胜利者。

5. 社会保障体系真的能让你后顾无忧吗?

新华网记者徐博:人力资源和社会保障部社会保障研究所在北京组织召开"统筹城乡社会保障体系建设理论与实践交流会",与会专家一致认为,"十二五"时期将是中国统筹社会保障体系建设的关键时期。

社会保障研究所原所长何平认为,当前统筹城乡社会保障需要重点解决以下五个方面的问题:在保障项目上要比较齐全,要使人人能够享有基本保障;待遇水平适度,以有效保障基本生活为原则;管理服务健全,能够保证为公民提供方便、快捷、周全的社会保障服务;制度能够定型,资金长期平衡,实现可持续;保障方式多层次,以满足人民群众更高需求。

中国人民大学教授郑功成说,城乡统筹应该是我们国家社会发展的必由之路。城乡统筹不仅是必要的,而且是可行的,需要自上而下解决。城乡统筹要有关键性的制度,关键性的制度主要是养老保险、医疗保险和社会救助等基本制度安排。

清华大学教授杨燕绥从统筹城乡社会保障公共服务的供需方面，提出政府应该打造社会保障公共服务的新机制，建立网格化、一体化、有限服务外包的社会保障公共服务新模式，不断提升社会保障管理服务水平。

中国社会科学院研究员郑秉文通过国内外社会保障发展的比较，认为在统筹城乡社会保障体系建设方面，在横向上要进行整合，尽量减少大制度和小制度的数量；在纵向上要提高统筹层次，缴费型和非缴费型之间的政策也要统筹。

中国社会保障制度从无到有、覆盖范围从城镇到农村、从职业人群到城乡居民，包括社会保险、社会福利、社会救助等在内的社会保障制度体系基本形成，目前已进入统筹城乡社会保障发展的新阶段。

与会专家一致认为，"十二五"时期将是中国统筹社会保障体系建设的关键时期，要按照党的十七届五中全会通过的《中共中央关于制定国民经济和社会发展第十二个五年规划的建议》，在社会保障方面继续坚持广覆盖、保基本、多层次、可持续方针，加快推进覆盖城乡居民的社会保障体系建设。

【财富解密】

社会保障制度是指国家和社会通过立法和政策规范，对国民收入进行再分配，为全体社会成员，特别是生活有特殊困难的人们的基本生活权利给予保障的社会安全制度。目前我国的社会保障制度，就保障内容来说是多方面的，包括社会保险、社会救济、社会福利、社会优抚和社会互助、个人储蓄积累等。社会保险是指对依法律政策缴纳社会保险费的社会成员在暂时或永久丧失劳动能力，以及遇到其他困难时，有权得到国家、社会有关部门的帮助。养老、失业、医疗、工伤、生育保险和住房保险等，在社会保障中处于核心地位,其中最主要的是失业保险。就保障方式来说是多层次的,一是社会保障的对象,从过去只涉及城镇的职工,扩展到包括城乡劳动者、各种经济成分的职工在内的所有社会成员;二是社会保障资金的来源多元化,过去社会保障资金主要由国家负担,而现在则要由国家、企业、职工三者共同负担。社会救济是国家和社会对遭受自然灾害、不幸事故和生活贫困者提供物质帮助,是属于社会保障的最低层次。社会福利是指国家和社会在居民公共卫生、环保、基础教育等领域向全体公民普遍提供的帮助和服务,属于社会保障的最高层次。社会优抚是对特定阶层的特殊保障制度。另外,按照自愿原则以营利为目的的商品保险,如个人投保、企业投保、互助性保险等,则属于社会保险的补充形式。

社会保障制度是商品经济发展到一定历史阶段的必然产物,是社会化大生产的客观要求。发展社会主义市场经济必须建立和完善适合我国国情的社会保障制度,它的主要功能有:社会稳定和国家长治久安的重要保证;适应以公有制为主体、多种所有制经济共同发展的需要;适应社会主义市场经济体制的需要;减轻国家负担,提高社会保障水平的需要;发展农村经济,维护广大农民利益的需要。

当前我国社会保障体系面临的问题

新型的社会保障体系在推进社会主义市场经济体制改革等方面发挥了重要作用。但是,由于这一制度所处的特殊国情和时代背景,随着社会、经济的发展,出现各种问题在所难免。

覆盖面狭窄。目前我国发达地区主要是沿海地区,已经开始在试着搞养老、医疗、低保等农村的社会保障制度,享受养老保险的农村人口大约有6000万人。但参加养老保险的农民不到农村总人口的10%,至于失业保险等其他现代社会保障制度,均与农民无缘。除此之外,当前的社会保障制度并没有覆盖城镇范围内的全部居民,养老保险覆盖人群约1.6

亿人，另有 3 亿多人被排斥在外，失业保险的覆盖范围仍然较窄。随着我国失业人口逐年增加，2001 年我国城镇职工失业率为 3.6%，2002 年为 4%，2004 年增加到 4.3%，城镇下岗失业人员达 1400 万人。截止到 2004 年全国有 10584 万人参加失业保险；公费医疗、劳保医疗仅覆盖全国约 9400 万人口；享受最低生活保障的人约占城市"下岗、失业、待岗"总人数的 30%。还有相当多的私营企业、三资企业以及广大的个体纳税户没有加入社会保障的体系。

社保资金缺乏统一管理，基金运转处于无序状态。现行社会保障制度是按地区和部门分开制定的，地区间条块管理比较松散。社会保障基金既有县市统筹又有省级统筹，统筹形式多种多样，统筹办法各地自行确定。社会保障管理机构基本上处于分散管理的状况，如养老保险、失业保险由劳动部门负责；抚恤救济由民政部门负责；医疗保险由卫生部门和职工所在单位负责。由于社会保障缺乏统一的管理，政策规定及筹资办法也政出多门，而社会保险经办机构集社会保险的收、支、管、用与政策制定于一身，没有一个机制对它进行有效的监督，导致社会保障费管理不严格、漏洞大，社会保障资金运转处于无序状态。一些地方随意提高社会养老统筹比例，大大超出国家规定的 20% 的养老保险缴费率，并且存在挪用、浪费社保基金的现象，危及社保基金的安全。

收不抵支，资金短缺。我国社会保障费的征收方式没有统一规范，有的地方委托地税机关征收，有的地方实行按地区、分行业征收的办法，也有些地方采取差额结算缴拨，还有些地方采取按规定协议缴费。各省市的社会保障项目多少不一，比例不同，又没有法律的约束，因而征收手段不硬，导致收费困难，欠费现象普遍。1998 年，我国企业欠缴基本养老保险费 319 亿元，2004 年达到近 500 亿元。另外，我国社会保障体系建立的时间短，而我国又人口多，底子薄，过去没有积累，资金方面也存在着很大的困难。目前，企业的保险缴费负担较重，养老保险平均为22%，医疗保险6%，失业保险2%，造成企业逃费欠费现象普遍。企业效益差，迫切需要社会保险的保障，而社会保险制度的建成又需要企业的资金支持，这样在社会保险与企业效益之间形成一种恶性循环。

社会保障立法滞后。社会保障的特征是保证低收入者最基本的生活需要，一定程度上具有强制性，这需要相应的法律法规为依据；同时也需要以法律为依据界定政府各部门之间、中央与地方之间在社会保障管理方面的权限与义务、职工的权利与义务。但目前我国社会保障法律体系还很不健全，由于立法滞后，在对社会保障方面发生的争议进行仲裁或提请诉讼时，仲裁机构和法院难以根据权威性的法律规定对这类争议和纠纷进行仲裁或判决，一些问题处于无法可依的状态，职工的基本社会保障权利得不到法律保护。

社会保障意识淡薄。在经济转轨时期，由于原有的保障体系的影响还未从根本上消除，对新的社会保障体系宣传教育不够。一方面，一些职工长期养成的依赖思想致使他们缺乏自我保障意识，不愿为自己的生老病死积累资金。另一方面，一些地方领导对社会保障的理解也存在误区，认为这只是企业行为，而不是政府行为。部分领导从地方经济利益出发，擅自挪用社保资金，弥补政府经费不足或进行各种投资。由于全社会的社会保障意识淡薄，我国社会保障事业发展进程缓慢。

6. 中国经济是否会重蹈日本的覆辙

二战后日本迅速崛起，实现了经济高速增长，一跃成为世界第二经济大国。但是进入 90 年代，随着泡沫经济的崩溃，日本出现了严重经济衰退，其持续时间之长打破了日本战后的历次衰退记录。虽然说日本的增长率下降有其客观必然性，但并不等于说日本经济没有问题。实际上，长期以来，日本经济中积累了不少问题。诸如泡沫经济的能量，绝非短时间内所能聚集；庞大的政府债务、金融体制的缺陷、银行经营机制不健全等问题，都不是最近 10 年才发生的。只是由于过去日本经济增长较快，对这些问题没能引起足够的注意。即使在泡沫经济崩溃后的最初一段时间里，日本政府也没有真正认识到产生问题的根源所在，仍试图用传统的政策手段振兴经济，结果反而使问题更加严重。当前，日本经济最突出的问题有以下几个方面：

1. 高成本结构。从表面上看，需求不足是制约日本经济复苏的关键问题之一，它导致了如下的恶性循环：需求不足→生产不振→企业倒闭增多→失业率上升→居民收入减少→消费低迷→需求更加不足。但是，造成需求不足的重要原因在于日本的高成本结构。性能类似的商品，日本生产的一般比其他国家的价格高，由此制约了国内外市场对日本产品的需求。

2. 产业结构的问题。"地均 GDP" 的数据从一个侧面表明，在原有结构下，日本的产业发展已趋饱和。借助地价飞涨的方式来拒绝原有产业结构的继续膨胀，并以这种方式将一部分过剩投资"排挤"到海外。但是，在国际大竞争中，日本原有的产业结构如同处在"夹缝"之中。这是由于：在以科技创新为法宝开拓新的产业领域和新市场方面，日本竞争不过美国；在传统工业和劳动密集型产业方面，日本竞争不过劳动力成本低廉的新兴工业国家和地区，甚至竞争不过某些发展中国家。造成这种局面的重要原因之一是日本的产业创新能力不足。日本虽然已经认识到进行结构性调整的必要性，但在这方面并没有取得明显进展。旧的主导产业在走下坡路，下一代主导产业是什么，谁都说不清楚。日本产业的追赶目标已经消失，产业结构的调整也因此失去了方向感。日本已经意识到，今后的产业发展道路需要自己去开拓和探索。但问题的关键在于：日本是否具备了这种开拓和探索的能力。

3. 金融问题。与日本"追赶型"经济相匹配的，是以银行为主体的间接金融占绝对优势的金融体系。这样，银行业一出问题，就是整个金融体系的问题。在政府的过度保护下，日本银行业机构数量过多，经营效率低下，制约机制不健全。在泡沫经济时期，银行等金融机构参与制造泡沫。泡沫经济崩溃后，形成了难以化解的不良资产。如今，银行业旧的不良资产尚未彻底解决，新的还在产生。据对日本 129 家银行的调查，截至 2002 年 3 月末，不良资产总额为 392570 亿日元，比上年同期增加 92234 亿日元，增幅为 30.7%，不良资产占贷款余额的 8.7%。从 2001 年度决算结果看，日本各大银行集团的盈利大幅度下降甚至出现亏损。近年来，保险公司也陆续加入倒闭行列。人们加入保险本来是为了多一分安全，如今连保险公司也接连倒闭，这对社会和人们的信心是巨大打击。

4. 财政问题。早在 1979 年度，日本中央财政经常性预算对国债的依赖程度就曾高达 39.6%。为扭转这种局面，日本曾在 20 世纪 80 年代搞了 10 年的财政重建。但是那次财政重建，不仅没有触及原有的财政结构，而且在一些重要方面走了过场，其结果是：国债余额不减反增，并留下大笔隐性债务。泡沫经济崩溃后，税收减少；同时，为实施所谓的扩张型财政政策，国债发行量大增。1992～2002 年，日本政府发行的普通国债达 268.1 万亿日元，相当于此前 27 年发行总额（184.2 万亿日元）的 1.5 倍。目前，包括地方财政在内的政府债务余额约相当于日本 GDP 的 1.4 倍，政府债务之巨，在主要发达国家中名列第一。

5. 通货紧缩有加剧之虞。通货紧缩的表现之一是物价水平持续下降。截至 2002 年 6 月，日本全国消费品物价已连续 22 个月低于上年同月水平。

今年 7 月份,日本国内批发物价比上年同月下降了 1.2%。日本经济界担心通缩会进一步加剧。这是因为:在经济前景不明朗的情况下,个人最合理的行为方式是节俭消费;企业的合理选择是不进行新的投资和归还贷款;政府为了不使财政赤字进一步扩大而抑制开支。2002 年度,日本政府的财政预算比上年减少了 1.7%。然而,各个行为主体的合理选择,从经济整体来看则将加剧通货紧缩。

6. 人口老龄化与社会保障问题。2001 年,日本 65 岁以上老年人占总人口的比重接近 18%。人口老龄化从两方面加重了社会负担,一方面,劳动力人口比重下降使可征收的税源减少。同 10 年前的 1991 年相比,2001年度个人所得税预算减幅为 30.6%;另一方面,社会用于老年人的生活保障费、医疗费、护理费等迅速增加。2001 年度的社会保障费预算比 1991年度增长近 30%,占中央经常性预算支出的 21.2%。在日本,不少人担心现行社会保障制度难以长期维持下去,因此,更加注意节俭消费,储蓄防老。一部分年轻人则拒绝交纳社会保险费。

7. 宏观经济政策回旋余地狭小。财政政策和金融政策是日本政府进行宏观经济调控的两只手。如今,中央银行再贴现率已降至 0.1%;银行间隔夜拆借利率已降为 0;扩张性的金融政策几乎用到了家。庞大的政府债务负担,不见效果的刺激景气政策,表明财政这只手也近乎残废,扩张型财政政策难以延续下去。摆在日本政府面前的一个严峻问题是,今后靠什么实施宏观经济调节政策。其实,日本经济存在的问题并不止上述几点。当前的日本经济如同"更年期综合征"患者,哪个方面都有各自的问题。

【财富解密】

我国改革开放后,学习了日本的"赶超型"的经济发展战略,促进了我国经济 20 多年的高速增长。但进入 90 年代末期后,我国经济增长有所放慢,出现了一些与日本相类似的问题。我国必须从日本经济衰退中吸取经验和教训。我国政治社会稳定,市场前景受到国际资本的广泛青睐。经济发展态势良好。当然,中国经济也存在一些问题,但都是发展中的问题,必将会在发展中得到解决。中国不会重蹈日本经济的覆辙。"前事不忘,后事之师",研究日本泡沫经济破灭的历史,以下几点值得我们注意和借鉴。

1. 要搞好追赶型经济发展阶段和自主开拓型经济发展阶段的有效衔接,实现经济的可持续发展。

"日本病"给我们的一条深刻教训是:作为一个后发展的国家,要保持经济长期稳定增长,必须搞好追赶型经济发展阶段和自主开拓型经济发展阶段的衔接,在后发展效应消失前,培育起自主开拓创新能力与相应的机制。我们一方面要充分利用后发展效应,学习借鉴世界先进技术和管理经验,推动我国经济快速发展。另一方面还要努力培育我国自主开拓创新能力,大力推进科技进步与创新,坚持教育适度超前发展,积极培养富有创新意识的人才,提高知识创新能力,加强教育与经济、科技的结合。

2. 要注意人口老龄化与经济发展相协调,加紧建立健全社会保障体系。

我国 60 岁以上的老龄人口已达到 1.3 亿,约占全国总人口的 10%;到 20 世纪中叶,老龄人口将增加到 4 亿左右,由此带来的老年社会保障、老年健康等一系列问题,将给未来经济的可持续发展带来沉重的负担和压力。我们应该吸取日本"老龄化"过程中的教训,未雨绸缪,妥善处理老龄化问题。必须加快推进社会保障体制改革,建立完善、规范的社会保障资金收缴体系,制定与经济发展水平以及各方面承受能力相适应的社会保障标准,实现社会保障对象管理和服务的社会化,健全社会保险基金的监管和保值增值机制,加强社会保障体系法制建设,尽快构建有中国特色的社会保障体系。

3.要积极推进政府职能转变,进一步减少政府对企业活动的直接干预。

日本的教训告诉我们,一定要坚决转变政府管理观念,处理好政府与市场、企业的关系,减少对微观经济活动的直接干预,防止对市场行为的扭曲。凡是市场能做的事情,都要让位给市场,政府要切实把主要精力放到宏观调控市场监管严格执法和公共服务上来,主要通过政策引导、信息发布等方式对经济实施间接调控。

当前,我国要积极推进政府职能转变,进一步减少政府对企业活动的直接干预。努力建立和完善公共财政体制框架,进一步调整和优化财政支出结构,减少对一般竞争性、经营性领域的财政投入,避免"与民争利",努力为企业创造自由竞争的环境。宏观经济调控部门要大幅度减少行政性审批,对那些不符合政企分开和政事分开、妨碍市场开放和公平竞争的行政审批,坚决予以取消,以提高效率,防止腐败。要抓紧对一批具有自然垄断和公用事业特点的行业进行改革、重组和改制,并通过足够的市场压力,培育新兴产业和新兴企业集团。要抓住加入WTO的契机,将国内企业推向国际市场同世界各大企业同台竞争,经风历雨,等等。通过这些举措,进一步增强企业的活力,提高企业的竞争力。

4.要推动国有企业改革,加快建立现代企业制度,提高微观经济的活力。

与日本企业相似,我国国有企业也存在着管理制度不适应时代要求、缺乏活力的问题。当前必须以建立现代企业制度为目标,把国企改革继续引向深入。要加快国有企业改组、改制、改造步伐,促进企业加强管理,完善公司法人治理结构。

首先,国企改革应以建立健全责权统一、运转协调、有效制衡的法人治理结构为目标,逐步引入外部董事和独立董事制度,设立为董事会履行职责提供支持和服务的决策咨询、提名、薪酬与考核等专门委员会,逐步建立董事会选聘、市场化配置经理人员的机制。

其次要加强企业的制度建设,继续深化人事、劳动、分配三项制度改革,促使企业尽快建立起管理人员竞聘上岗、能上能下,职工择优录用、能进能出,收入能增能减、有效激励"三个机制",防止企业制度僵化,活力弱化。

5. 要研究积极财政政策下一步走向,注重解决制约我国经济发展的深层次问题。

我国实施积极财政政策要吸取日本的经验教训,做到既能充分发挥积极财政政策的效果,又能防止陷入债务过度扩张的陷阱。要正确把握宏观经济走势,相机抉择财政政策的取向和力度。为巩固和发展当前经济良性走势,"十五"前期,需要保持实施积极财政政策的连续性,不可仓促"撤火"。同时,要高度防范和化解财政风险。当国内通货紧缩趋势得到扭转,物价实现正增长,并保持一定的稳定性;民间投资和居民消费稳步增长,并成为拉动经济增长的主导力量;各项改革特别是投融资体制改革有个好的起步;世界经济不出现大的波动,保持一定的增速时,就应研究积极财政政策的调整问题。要坚决防止无效投入、重复建设和过分超前建设。注意防止把财政资金投入从启动投资需求的带头者、引导者地位拖至主力军地位。加快研究解决制约我国经济发展的深层次问题,要将扩大内需同调整经济结构、深化经济体制改革、增加就业、改善人民生活、促进可持续发展结合起来。要加快金融改革,注重发挥货币政策及其他宏观调控手段的作用。

7.21世纪，一个没有国界的世界

当代世界经济日益知识化，科学技术日新月异，科学技术的迅猛发展已成为推动生产力发展最有决定意义的因素，尤其是以微电子技术为基础的信息技术革命以及国际互联网络的形成，正在把世界经济融合成以全球为一体的"网络经济"。网络的发展使资本可以灵活地在世界范围流动，世界成为"地球村"。这就为经济全球化准备了极好的物质基础。

什么是"经济全球化"？至今尚无统一定义。比较通用的是国际货币基金组织在1997年5月发表的一份报告中提出的："全球化是指跨国商品与服务交易及国际资本流动规模和形式的增加，以及技术的广泛迅速传播世界各国经济的相互依赖性增强。"也可以认为，经济全球化是指世界各国的经济在生产、分配、消费各个领域所发生的一体化趋势。因此，经济全球化，是生产社会化在现代高新技术条件下的发展，是一个客观的、不以人们意志为转移的历史趋向。世界银行最近发表的年度报告指出："全球化和地方化是21世纪发展潮流"。世纪之交，经济全球化进程正在加速进行。从当前的情况看，经济全球化进程加快主要表现在四个方面：

一是统一大市场加速形成。经济全球化的本质要求是：要在世界范围内使各种资源得到更合理、更有效的分配与使用。因此，它要求贸易自由化、投资自由化，在贸易自由化、投资自由化以及现代信息技术的推动下，用商品的网络，金融的网络将世界各国越来越紧密地捆绑在一起。各国之间，相互依赖程度加大。目前世界贸易组织已达135个，全球贸易的90%以上是在这些成员之间进行的。

其二是跨国直接投资已成为全球化的主要推动力量。据联合国贸发会议统计，跨国直接投资已从1995年的3150亿美元上升到1998年的约4400亿美元，其中1300多亿美元流入发展中国家和地区，世界上100家最大的跨国公司就拥有20000亿美元的海外销售额和600万名外国雇员。跨国公司已成为经济全球化发展的主要推动力。据联合国《1997年投资报告》提供的数字，目前全世界的4.4万家跨国公司通过其28万家子公司和附属企业已渗透到各国和各地区的各个产业领域和部门。这些跨国公司的产值占世界总产值的1/3以上，占有跨国直接投资的70%、世界贸易的2/3以及70%以上的专利，加上其他技术转让，形成了跨越国界的从资源配置、生产到流通、消费的多层次和多种形式的交织和融合，全球经济正在形成一个不可分割的分工格局和有机整体。

三是股市交易额高、流速加快。自从布雷顿森林体系解体以后，国际货币体系出现了多元化的趋势，汇率、利率等波动性增强，增加了国际间资本与商品流动的风险。

四是经济风险或金融风险的对应手段也相应有所发展。但在当今经济全球化发展的条件下，一个国家仅靠本国政府的宏观经济管理已不足以维护经济稳定和对付金融风险，而需要各有关国家在防范、遏制经济和金融"风险"方面进行国际经济合作（政策协调、相互支援或集体干预）。为了防范风险，金融市场不断地实行金融创新。金融创新不仅提供了防范风险的功能，同时也提供了投机套利机会，吸引了大量的投机资本。资本越来越多地向任何能产生高收益的项目与企业集中，而不管它们在世界的哪个地方。经济全球化加速了资金。技术、商品、服务和人才在国际流动也在一定范围中加强了国际上的交流与合作，可以改善国家间的劳动分工，提高市场机制的效率，改善经济增长的质量。因而经济全球化已成为世界许多地区经济增长的主要推动力量。

【财富解密】

经济全球化影响着世界经济的进程,当然也影响着中国经济的未来。特别是经过 13 年漫长的谈判,中国在 2000 年加入被称为"经济联合国"的世界贸易组织,这标志着中国经济将进一步融入全球经济之中,也标志着中国向世界的开放进入了一个全新的阶段。

加入世贸组织给 21 世纪的中国经济带来了难得的历史机遇。首先,加入 WTO 这样一个以市场经济规则为基础的国际经济组织,符合我们改革的目标和长远利益。中国经济改革的目标是建立健全的市场经济体制,它决定了中国经济必须实行更全面的开放。因为市场经济的发展要求健全的法制、保护产权、自由竞争。激励创新,要求有公开、公平、公正的交易规则,要求中国的经济运行与国际规则接轨。这些要求只有在一个全面开放的环境里才能实现。"入世"正是预示着中国经济将广泛而持久地参与世界经济的发展,与世界潮流保持一致,并有利于中国利用国际通用的游戏规则和协调获得利益。中国的经济只有与国际全面接轨才能迎来一轮又一轮新的发展空间,而中国的企业也只有在竞争与压力中奋起才能够日益成长壮大。

其次,加入 WTO 将拆除一些国家对中国在对外贸易、引进外资、引进先进技术和人才、引进先进管理方法等方面设置的层层壁垒,为中国在平等互惠的基础上与世界各国进行资金、技术、人才的交流创造条件。从全局的、长远的角度分析,加入 WTO 意味着中国企业有了更多、更广泛参与国际分工和国际合作的机会,能够更为直接地引进国外的资金和先进技术。借鉴和学习国际上先进的经营理念和管理方法,从而给国内企业带来崭新的发展思路,推动中国企业的技术进步和管理创新进程,迅速跟上国际先进企业的步伐,使中国企业的技术与管理向更高水平迈进。

这是"入世"为我们正面展示的最直观的机遇。

再次，加入 WTO 将为中国经济的创新带来强大的压力和动力。过去我国也反复强调制度创新和技术创新的重要性，但是由于传统思维的惯性、体制的制约、市场规则的不完全、竞争的不规范、人员素质不高等多种因素，使创新在许多产业和大多数企业中没有得到足够的重视。加入 WTO 后，来自外部的强大的竞争压力将迫使中国的经济管理部门和企业必须真正把创新问题提升到关系生死存亡的高度上来认识，继而有助于激励与推动企业彻底转变观念，突破体制束缚，确立人才选拔和使用机制，自觉地、主动地、迅速地实现从传统体制向现代体制的转变。置之死地而后生，中国的"入世"必将促进中国经济管理水平的提高。正是从这一反面的意义上，我们说加入 WTO 对中国经济同样意味着机遇。当然，更重要的是，加入 WTO，就必须向 WTO 体制靠拢，逐步达到 WTO 所要求的，以市场经济制度为基础的运作方式和组织水平。这就意味着我们必须加快建立市场体制的步伐，进一步减少政府对企业的干预。对资源的控制和对产业的垄断，直至迫使政府完全退出一般性竞争市场。这些必然为中国企业根据市场需求完全独立自主地进行经营和管理创造日益良好的外部条件，使企业能够真正最终摆脱政府的行政干预和传统体制制约，完成向现代企业制度的转变，实行现代企业管理下的规范运行。毋庸置疑，这也是"入世"给中国企业管理带来机遇的一个重要方面。

财富秘密

第六则

创业照亮人生，财富改变命运

本章导读：你是否已经厌倦了每日朝九晚五地给人打工？你是否觉得自己的老板太过苛刻，你已经受够了他的折磨？你是否每天努力工作却依然不能养家糊口？面临这样的情况，现在越来越多的人选择通过自主创业来实现自己的财务自由，通过创业来改变自己的命运！创业不再是一个遥不可及的梦想，中国现在的创业环境日趋完善，为越来越多的有创意有能力的人提供了更多的创业机会，如果现在你想开始你的创业的旅程，或者已经处在这样的过程中，那么请你仔细阅读一下本章的内容。

1.创业第一步：作为创业者来评价你自己

【创业故事】

一个18岁就背负20万债务的青年，用5年的时间，跃升为总裁。他的成功验证了他的一句话：有了激情什么都能实现！

越众企业管理咨询有限公司总裁郭俊峰，曾经用了5年的时间，从18岁打拼到23岁，成为职业经理人。郭俊峰的创业生涯，并非一帆风顺，而是遇到过重重波折和苦难。

1999年，郭俊峰和所有热爱幻想的大学生一样，在郑州一所大学里为了梦想而挥洒青春。读市场营销学的他单纯而腼腆，对未来有着无尽的憧憬，却在内心深处存在着厚积薄发、一跃成名的渴望。

郭俊峰很快就得到了这样的机会。那年暑假，他认识了一个河南老乡。那位老乡很善于表达，说起各种商业运营模式一套一套的，一直讲了5个小时。没经历过什么世面的郭俊峰对眼前这位老大哥佩服得五体投地。老乡拍了拍他的肩，说：小兄弟，我和你一见如故。可惜你还是个学生，要不我就邀请你一起合作我的广告公司了。

原来，那位老乡在河南创办了一家商贸公司，已经接了好几个大单了，都是稳赚不赔的生意。那位老乡拍着胸脯保证，3年内公司纯利润保证超过1000万！而郭俊峰只需要投资15万，然后就可以等着分红。连5000元现金都没有见过的郭俊峰晕了。他幻想着某一天，自己开着奥迪，住着别墅，闲暇时四处旅游……成功的生活片段在脑海中涌现。郭俊峰预感到这是一次难得的机会，但他需要时间解决资金问题，不然他根本拿不出来15万。老乡应诺：半个月，如果半个月后，老弟你没有来找我，我就把投资权给别人了。

到哪里去弄15万？靠刨地生活的父母差点晕掉：15万？！这是一个天文数字啊！就在时间临近的一天下午，父亲拖着疲惫的身子回家，他给儿子带来了"一麻袋的钱"。原来，父亲把为儿子建房娶媳妇筹备的钱倾囊拿出，又找亲戚借了10万，终于凑够了15万元。郭俊峰来到了老乡创办的商贸公司，把钱交给了老乡，单纯的郭俊峰回到郑州继续上学。后来的日子，郭俊峰天天都打电话去问情况，直到9月17日那天，郭俊峰发现那电话成了空号。郭俊峰急得简直要疯了! 他马上赶到了公司，但公司封掉了，人也走得一干二净。此刻，郭俊峰才知道什么叫欲哭无泪。

回到学校后，郭俊峰心不在焉，学习一落千丈，他向学校递交了退学申请。在狭小肮脏的小炒街里，他和另一位叫郭正伟的投资者一起喝了个大醉,他俩跌跌撞撞地站在路中央，还豪气冲天地为彼此打气:不能倒下!

那一年，郭俊峰刚满18周岁，命运把郭俊峰和大他9岁的郭正伟紧紧地拉在了一起。经过上一次的深刻教训，郭俊峰变得理性而谨慎起来。经过和郭正伟长时间的探讨，两个人决定跑花生油买卖。他们算过了，从河南批发到深圳,500克花生油能赚2.6元。唯一的问题是,他们缺少本钱。从此，郭俊峰开始了业务员生涯。他每天单枪匹马地往一家家花生炼油厂跑，意图先赊账提货，让厂家先给他花生油，等他卖完油后再付款。每次还没等他说完，厂家就将他当作骗子，把他赶了出去。一次次的拒绝并没有令郭俊峰退却，他的执着和真诚终于感动了一位炼油厂的厂长。那位厂长同意赊给郭俊峰10吨油，郭俊峰则写下欠条。

郭俊峰和郭正伟开着租来的货车，从厂房拉出了油，向深圳出发。一位熟人把他们介绍给自己在深圳的朋友认识。那个熟人的朋友很痛快地答应将一个仓库借给他们存放花生油。郭俊峰和郭正伟便开始找买家，二人千辛万苦与人达成合作协议，可等着他们的，是命运的再一次考验。原来，买家跟着他们去提油时，仓库里的十几桶油只剩下了五六桶。那位朋友的手机也停机了。郭俊峰一下子瘫坐在了仓库冰冷的地上。但郭俊峰没有绝望，反而越发坚强。背负着将近20万债务的他开始拼命挣钱。一名中途辍学的专科生，没有学历证书，找工作的艰难可想而知。不过，郭俊峰还是找到了工作:给两家公司做普通销售员推销手表。不论什么工作，不论工资多少,郭俊峰都愿意干。他经常忍着饥饿和寒冷走在大街小巷，但内心却没有丝毫的气馁。

【创业指导】

从企业创办者的角度分析自己

企业的成败取决于你自己。在你决定创业之前应该分析评价一下自己，看看你自己是否具有创业的素质、技能和物质条件。成功的创业者之所以成功，不是因为他们走运，而是因为他们工作努力，并具有经营企业的素质和能力。思考以下问题判断你成功的可能性有多大。

承诺——要想成功，你得对你的企业有所承诺，也就是说你要把你的企业看得非常重要，要全身心地投入。你愿意加班加点地工作吗？

动机——如果你是真心想创业，成功的可能性就大得多。你要问问自己，你为什么想创业？如果你仅仅想找些事情做，你创业成功的可能性就不大。

诚实——如果你做事不重信誉，名声不太好，这对你创业是不利的，会对你的生意产生负面影响。

健康——你必须健康。没有健康的身体，你将无法兑现自己的承诺。要知道，为创业操劳会影响你的健康，你要衡量一下你的身体条件，是否适应创业的需要。

风险——世上没有绝对保险的生意，失败随时可能发生。你必须具有冒险精神，甘愿承担风险，但又不能盲目地去冒险。先看看你可以冒什么样的风险。

决策——在你创业的过程中，你必须作出许多决定。当要作出对创业有重大影响的决定而又难以抉择时，你必须果断。

家庭状况——创业将占用你很多时间，因此，得到家庭的支持尤其重要。你要征求家庭成员的意见，如果他们同意你的创业想法，支持你的创业计划，你就会有强有力的后盾。

技术能力——这是你生产产品或提供服务所需要的实用技能。技能的类型将取决于你计划创业的类型。

企业管理技能——这是指经营你的企业所需要的技能。市场营销技能固然很重要，但掌握其他经营企业的技能也很必要，如成本核算和做账方面的技能等。

相关行业知识——对生意特点的认识和了解是最重要的，让你更容易成功。

2. 创业第二步：寻找一个好的企业构思

 【创业故事】——"国王"之白手起家

尹明善是中国商业界的一个不老的传奇。最初，尹明善仅仅以20万元入行，只用了10年多时间，便做大到数百亿的资产。

尹明善爱思考，可以说思考的习惯，一直相伴了他数十年。他不喜欢说话，每个见过他的人都说他沉默寡言，很多自小认识的熟人，说他从小就这样，到老没什么改变。他整天都像在思考什么而且不太合群，既不喝酒也不抽烟，更不打牌打麻将，连打情骂俏的事，都没见他做过。他不喜欢卡拉OK，不坐茶馆、咖啡馆，不打拳、不练晨跑，不钓鱼、养花、遛鸟。他唯一的乐趣就是一个人散散步，看上去与印度的苦行僧无甚差别。

而就是这样一个人，缔造了中国的摩托车王国。

尹明善的一生十分坎坷，在他高三那年，因为被人揭发有右派言论而被学校开除，被迫中止学业。3年后，他的性质被升格为反革命，被发配到塑料厂监督劳动。昔日的好友和恋人纷纷跟他断交，表示要跟反革命划清界限。从此，尹明善戴着"牛鬼蛇神"的帽子，一戴就是20多年，大好青春就此葬送。到了1985年,尹明善被平反。重获新生的尹明善创办了重庆教育书社,成为重庆最早也是最大的书商。3年后,在出版业做得风生水起的尹明善突然宣布退出。到了1992年,他将20万元资金投入到了摩托车制造行业。

20世纪90年代,重庆的摩托车制造业发展迅猛,因有"嘉陵""建设"这样声名显赫的企业带动,其他的相关产业也日渐红火起来,整个山城似乎都在如火如荼地进行摩托车生产。

尹明善经过一番细致的市场调查,得出结论:"做摩托车尽管市场空间不大,但技术空间很大,创新空间更大,利润空间无限大。"因此,尹明善决定投资办厂生产摩托车配件。他兴致勃勃地带着凑齐的20万元前去注册,可却没有成功。工商局为办厂设定的门槛太高,要求:注册资金200万以上,先划到指定的账户滞留3月。

尹明善几经周折,才找到了解决的办法。1992年,尹明善的"力帆轰达摩托车配件所"艰难地诞生了。开业当天,尹明善掷地有声地说了一番话:我要造出全中国、全世界都没有的发动机。

力帆创业之初,条件十分艰苦。他们没有国企的资源依托,没有先入者的品牌优势,只有每月200元租来的一间不足40平安的旧农舍和几台从破产企业买来的旧机器。当时的尹明善,已经是55岁的知天命之年。经过一番拼搏,尹明善却得到了丰厚的回报——他靠这家配件所赚了500万。有了资金作为后盾,尹明善拿出50万元开发新品种。之后,100毫升四冲程发动机和100毫升电启动发动机相应问世。这两种发动机都是"全国唯一",一举畅销。忙不过来的时候,尹明善公司的人员干脆就到飞机场进行包机发货,创造了摩托车行业从来没有过的奇迹。产品的销售红火,为尹明善带来了滚滚的财源,在这两种"全国唯一"的发动机上,他赚了3100万元。

10年后，似乎天生不甘平凡的尹明善，又开始了他职业生涯中的最大冒险——生产轿车。

尹明善曾说："总有人对我说，力帆现在才生产轿车，是不是晚了点？但我的回答是：'革命不分先后，造车不分早迟。'世界经济规律证明，领跑的人多半做不了冠军，所以力帆还有机会。"

2004年年底，力帆就宣布要推出重庆市首辆拥有自主知识产权的轿车。这项宣布意味着力帆由摩托车行业投入汽车制造行业。

2008年度，力帆汽车成为中国第三大家用车出口商。

2009年第一季度，力帆汽车的销量达到了惊人的增幅——高达72%。对此，尹明善的态度仍然谦逊，他说："这得益于国家汽车下乡的政策。我觉得党和政府确实是保增长的坚强后盾，在适当的时机推出了许多政策，让中国的消费者在买车的时候钱花得少一些，也让车子得到了更多的市场。我用三句话来总结：消费者得实惠、企业得市场、政府得民心。"

在出口方面的目标，尹明善表示，今年打算至少要保持第三，如果可能的话就冲个第二，因为中国的汽车在国内销售量蛮大，但是在全世界范围却太少太少。

【创业指导】如何寻找好的企业构思

在我们把自己作为创业者来评价之后，便要开始行动，去创办自己的企业，创办一个怎样的企业，这需要我们首先寻找好自己的企业构思，以便创业成功，俗话说得好：良好的开端是成功的一半。

一、选择一个适合自己的企业想法成功创业，必须具备有市场机遇、人生机遇、素质和能力、勤奋和努力，以及如何做好产品、价格、地点、促销的最佳市场配置。从自身的知识、技能、经验、能力、素质和顾客需求导向出发，遵循志向大、计算精、规模小、起步稳，和不爱的不做、不熟的不做、不精的不做、违法的不做原则，选择适合自己的创业项目。企业定位的第一点是企业为谁服务，即面向的客户群是谁。很多人在立项时求新求异，或选择低层次，趋于饱和竞争激烈的行业创业，而不考虑市场与需求，即使得到实施，也终会因没有市场而惨淡收场。只有在具备足够市场空间的前提下，企业才有发展的余地。在创业之初就要对市场做深入的了解，对市场的容量，自己经努力经营可能占有的市场份额及发展空间做出准确判断。

二、企业定位的第二点是企业提供什么产品（服务），即以何盈利。明确了为谁服务，接下来就要明确为客户提供什么产品。产品满足社会的需要，这是企业的首要责任，也是生存发展之道。对一般小企业来说产品的寿命就是企业的寿命，没有好的产品，企业就没有生存和发展的空间。严重同质化的产品和盈利模式是很多小企业经营失败的主因，企业要有核心竞争力，要相对垄断或有特色，人无我有，人有我优，以产品制胜是永恒的成功法则。创业者在创业初期就必须打造出自己独有的优质产品，只有这样才能迅速打开市场，从激烈的市场竞争中分得一杯羹。

三、企业定位的第三点是树立企业的品牌，即如何使目标客户只选择你的产品，做到非你莫属。以质量、价格和服务取胜是永恒的成功法则，也是成功之本，但推广也是非常重要的。最优质的产品加上最有效的推广，才能最快在客户群中建立好的口碑，形成品牌效应。创业者必须将重点放在提高产品与服务质量上，谁最贴近客户的需求，使客户满意，谁就能赢得最多客户的支持，否则只能是缘木求鱼。

遵循以上三步，我们将找到属于自己的企业构思。

3. 创业第三步：建立你的企业构思

 【创业故事】

上一节，我们懂得了如何寻找好的企业构思，那寻找到企业构思之后，我们如何建立自己的企业构思呢？让我们来看一则创业故事，仔细体味以下创业故事，看一下主人公是怎样建立自己的企业构思的。

创业故事：80 后年轻老板，从穷打工仔变身千万富翁

何峰出生于 20 世纪 80 年代。5 年前，何峰还只是一家小型服装加工厂的普通打工仔。他每天辛辛苦苦工作，只能赚到 1800 元工资。何峰不想一直这样下去，于是他带着辛苦攒下的两万块资金下海。经过 5 年打拼，他拥有了 10 家店铺和千万身家。何峰的店铺都是从别人手中盘来的亏损门面，这样，可以让他花费更低廉的价钱，得到一间价值更高一些的店铺。何峰在经营项目方面并没有什么新意，他所经营的都是最常见、竞争也最为激烈的服饰。

那么，何峰是如何让服饰小店脱颖而出的呢？

在 C 市的东风路地铁商场，与其他地铁商铺的布局并没有什么两样，服饰占了绝对的主流。

然而，其中一家名为"衣物理念"的店铺生意却格外的红火。10 余平方米的小店里挤满了熙熙攘攘的年轻女孩，为此应接不暇的是一个让人眼前一亮的年轻男孩。何峰是这里的老板，也是其他 10 家店铺的经营者。

5 年之前，何峰本来对从商一无所知，只是觉得女人的钱好赚，于是开始经营女性服装。

但是 2005 年，何峰无意间乘地铁经过东风路地铁商场时，看见一个仅有 6 平方米的小店铺面临经营困难，正在着手转让。虽然家里没有人从商，但是何峰对开店十分感兴趣，决定问问情况再做打算。

何峰当时看到的那个地铁商铺非常紧俏，但是租金水平并不是太高。那个铺位每月的租金是两千元。何峰决定先不辞职，即使这个小店赔了，自己每个月还有 1800 块的收入。这个风险他勉强担当得起。

何峰说后来回忆说："我当时也算是很幸运的，如果当时那个地铁商场的店铺租金是现在的水平，那我可能还在服装厂打工。"

创业之初，资金有限是必然的。除了房租，何峰将全部的钱都用来从批发市场购进服装，其他地方则能省就省。没有钱装修，他找来了几沓英文报纸，自己动手，糊满所有的墙。所有的前期投入不过 1 万元。

何峰最初开店铺时，十分辛苦。他每天清晨 5 点起床去批发市场进货，挂样之后交给照看店铺的阿姨，下午 6 点，阿姨下班，结束工作的何峰再次上岗。

然而，就是这样一家不起眼的小店，生意却出奇地火爆。狭小的空间内总是人满为患，而且保持着较高的重复购买率。一个月之后的成绩让何峰自己都惊诧不已，营业额有 10 万元，而到手的净利，也有 5 万余元。

就在这时，公司的一个决定让何峰左右为难：加工厂决定购买最先进的设备，要派何峰去广州一家大型加工厂学习技术。何峰知道这是一个很好的机会，既能学技术，又能开眼界，日后他在这家小加工厂就是技术骨干，每月工资最少翻两番。但是何峰发现自己竟然更喜欢那家小店。于是，何峰没有同意公司的派遣，连工作也一并辞了，专心下海了。

何峰亲自看店后，店里的生意更加火爆，他的小店很快成为地铁商场里一枝独秀的商铺。树大招风，何峰的店铺开始遭到"围堵"。周围的同类店铺开始纷纷进相同款式的衣服，但是这一招对已经积累了一批老顾客的何峰似乎并不奏效，而且发生了让他哭笑不得的一幕。他的店实在太小，连人都站不下，别说是换衣服。所以有些顾客就跑到别的店去试了之后，再回来告诉他："就要这件，我试过可以的。"之后，站内的所有商铺以"商铺经营者必须是房东"为由，联名向物业接二连三地投诉。就这样在非个人经营失当的情况下，何峰无奈地为第一次创业画上了句号。

工作飞了，小店没了，面临重创的何峰心情跌到谷底，满腹是说不出的委屈。而他曾经打工的加工厂扩大规模，招兵买马，待遇和福利都比之以前提高了很多。

假设归假设，在关键时候何峰还是保持着冷静清醒的头脑。在这个时候，对于创业者而言最忌讳的就是头脑发热，妄下决定，无论是急忙忙去重新找工作，还是寻觅店铺开业。在休整了两个月之后，何峰盘下了C市阳光路市场内的一个摊位。在阳光路经营的几个月没有亏钱，但是也没有赚到什么钱，因为房租太贵，每月1万元，挣的钱全部交给了房东。何峰分析一下，在这个市场内主要以仿冒名牌为主，这类商品利润是非常丰厚的。而做自己的商品利润很薄，也很难出挑，获利不是特别容易。于是，在合约告一段落房东准备提升租金时，何峰果断地结束了租约。

而这时，何峰的其他几个店铺已经陆陆续续开张了。这些店铺的一个共同特征，就是都在轨道交通沿线，或者毗邻公交枢纽。因为肯吃苦，而且又有了经验，所以经过一段时间的发展，何峰竟然拥有了10家店铺！

【创业指导】建立企业构思

一个成功的创业始于正确的理念和好的构思。合理而又周密的创业构思可以避免日后的失望和损失。如果你的构思不合理，无论你投入多少时间和金钱,创业注定是会失败的。

当你决定要创业时,你会发现,要选择一个合适的项目或一个行当来做,十分困难。因为可以做的行当太多,让你无从入手。其实,生意有很多种类型,但主要可以分为以下四种类型:

贸易企业——贸易企业从事商品的买卖活动,它们从制造商或批发商处购买商品,再把商品卖给顾客和其他企业。其中,零售商从批发商或制造商处购买商品,卖给顾客。所有把商品卖给最终消费者的商店都是零售商,而批发商则是从制造企业购买商品,然后再卖给零售商。如蔬菜、水产、瓜果、文具、日用品批发中心等都是批发商。

制造企业——制造企业生产实物产品。如果你打算开一家企业生产并销售砖瓦、家具、化妆品或野菜罐头,那么你拥有的就是一家制造企业。

服务企业——服务企业不出售任何产品,也不制造产品。服务企业提供服务,或提供劳务。如房屋装修、邮件快递、搬家公司、家庭服务、法律咨询、技术培训等行当都是服务企业。

农、林、牧、渔业企业——这类企业利用土地或水域进行生产。种植或饲养的产品多种多样,可能是种果树,也可能是养珍珠。

也许你觉得有些企业其实并不完全符合上述分类。如果你准备开办一个汽车修理厂,你开办的就是服务企业,因为你所提供的是维修劳务服务。汽车修理厂也可能同时出售汽油、机油、轮胎和零配件,这就是说你也兼做零售业。所以,要以主要经营内容来决定一个企业的经营类型。

当把企业进行了上述分类后,你可能会觉得你适合于开办某一类企业,你的思路会更加集中起来。当然,各类企业有不同的特点,你要认真分析,以便你掌握成功经营这些企业的要素。

4. 创业第四步：评估你的目标市场与客户群

 【创业故事】美女创业——模特培训中捞金

名模胡娜的"传奇"经历，相信很多人都听说过。

胡娜，女，1985年出生，2003新丝路模特大赛总决赛十佳模特。

胡娜报名参加第2届南方新丝路模特大赛，纯属因为好奇。比赛中，她一路过关斩将，进入十强。那时候的她，根本没有接受过任何形体训练，更没有走过T台。从那时开始，胡娜便与模特行业结下了不解之缘。后来，胡娜与拍档一起创办了自己的公司——米莱模特演绎机构。

胡娜最初一心想投身体育事业，每日坚持练习长跑。然而她天生体质较弱，即便付出很多的努力，也无法达到预期的目标。一天，胡娜打开电视，转换频道时，无意看到模特大赛的广告。

胡娜当时就有些心动，在留意了一些比赛信息后。19岁的胡娜便在一时冲动下报名参赛。

比赛时，胡娜只穿了自己新买的一套很普通的泳衣，素颜出场。她当时学着以前见过的模特的样子，随便表演一番，没想到进入了50强。进入50强后，她才接受专业的形体训练——每天穿着10厘米的高跟鞋，上午跳舞，下午走台。最后，她一路过关斩将，一直进入十强。

比赛结束后，胡娜与新丝路模特经纪公司签订了3年的合约，从此做起了专职模特。3年后，合约结束，胡娜决定不再做模特，因为当模特只能吃"青春饭"，一旦青春不再，那就等于没了饭碗。但是胡娜又不想退出模特这个职业。再做了一段时间文职后，胡娜觉得自己还是喜欢模特这个职业。于是，胡娜做了一段时间的自由模特后，便与拍档合伙，开办了米

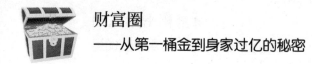

莱模特演绎机构。

胡娜认为，中山有很多企业，尤其是镇区的服装企业，对模特非常有需求，只是因为信息不对称，那些企业不了解本地是否有系统的模特公司，也对本地模特未经训练的表现力、台风和镜头感没有信心，因而宁可转向广州、深圳、珠海、东莞等地寻求资源。

看好了市场后，胡娜开始发掘本地的模特资源，进行专业的培训，同时为每个模特量身定做路线，更好地迎合市场需要。

虽然有市场，但创业之初，胡娜也没少碰过"钉子"。胡娜曾经尝试过打电话直接联系企业，但收效甚微。这让胡娜感觉压力倍增。后来，胡娜放弃了主动打电话找业务，而是更专注于模特培训方面。渐渐地，学员的素质得到了提高，也为公司建立了口碑，业务也就自动找上门了，随着口碑的传出，米莱的业务也越来越多了。

【创业指导】评估目标市场和客户群

胡娜的创业成功，和她正确评估模特培训市场有很大关系。如果她不能正确评估市场和客户群，可能她到现在也不会创业。

在目标市场评估中市场容量、现状、潜力及饱和期是四个最为重要的指标。四个指标是相互关联的而又是动态变化的；市场容量就是潜在目标消费者的数量及购买力总和。现状就是有多少人在开发这一市场，已占据了多大的市场份额。潜力就是有多少资源还未被开发。饱和期就是按现在的发展速度，到这一目标市场失去开发价值还有多长时间。

市场容量是一个非常抽象的概念，这一概念根据每一个企业的不同情况对企业都有着不同的意义。对每一个企业来说市场容量都是一个指标性数据，必须做到心中有数，因为知道了市场的大小，然后才能根据现状测算出还有多少资源可以挖掘，以及还剩下多少可供挖掘的时间。并根据自己的实力测算出自己在这一市场中能获得多大收益，并以此制定具体的年月季度规划和组织相关开发力量。

目标市场的四个指标对企业来说具有重大的战略价值，对企业的领导者来说，一要清楚，二要能深刻地理解和把握四者之间的动态关联和互动关系。理解需要大量的调查才能使目标变得清晰，而动态的把握则需要大量的相关情报作为支撑才能做到知己知彼、有的放矢。不仅如此，做到这两点之后只是把握住了目标市场的脉搏，真正要拿下目标还需要根据企业的实际情况制定相关的战略战术也就是说领导者不仅要会运筹帷幄，还需要会行军布阵，最后还要指挥打仗；并随时根据战况决定是进攻还是撤退。

当前目标市场定位最重要的问题就是哪些人会买我们的产品，他们为什么要买我们的产品。哪些人会买我们的产品决定了我们目标客户群和市场范围；为什么买我们的产品则我们的产品功能是否满足了特定客户群对这一产品的使用意愿要求，也就是说产品本身只是满足一个特定消费群体的某些消费意愿的一个载体，所以产品本身的功能是由消费者的意愿来决定的，顾客不买我们的产品是因为没有满足他们对这一产品的消费意愿，也就是我们在产品的设计和目标市场定位时没有充分考虑到我们的消费者对这一产品的使用功能的要求。

所以产品和目标市场的定位除了要考虑技术因素外，对特定目标人群的消费意愿的确立对我们的产品销售具有决定性的作用。也就是说，我们在确立产品和目标市场定位时，消费者的意愿导向应是我们定位和设计的依据，而技术是我们为满足这种意愿而加进产品这个为消费者服务的载体之中的种种措施和解决方案。

因此，复杂的社会消费行为和消费心理就成了目标市场定位的主要研究对象，而技术成了屈从于人们的消费，用于满足人们种种消费意愿所选择的种种对象之一。

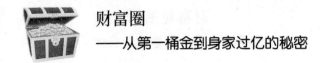
5. 创业第五步：选择你的创业伙伴

 【创业故事】

有一个故事，一个老猎人带了一个徒弟去打猎，他们抓住了一网鸟，就在他们准备收网的时候，鸟突然一下子全部飞起来了，带动着网一下子飞得老远，老猎人说了一个字，追。他们翻过了一山又一山，眼看太阳要落山了，徒弟没了兴致，想放弃了，老猎人说，再坚持一下。果然，黄昏一到，一群鸟就掉了下来，这时候徒弟很奇怪，问这是怎么回事？老猎人说：网之所以能够飞起来是因为鸟都往一个方向飞，一起使劲，到了晚上，太阳落山了，每个鸟都有自己的巢，都想早点回去，于是就向四面八方乱飞，这个时候网就掉下来了。

这个故事告诉我们，与你的合作伙伴齐心协力是一件非常重要的事。

陈安之的超级成功学也提道：先为成功的人工作，再与成功的人合作，最后是让成功的人为你工作。

你可能不知道拉里·佩奇 (Larry Page) 和谢尔盖·布林 (Sergey Brin) 这两个传奇人物，但你不太可能没用过谷歌搜索工具——他们就是谷歌的合伙创始人。

佩奇和布林在攻读斯坦福博士课程中相识，他们双方当时为同一个研究项目合作。后来，他们的论文《大规模超文本网络搜索引擎的分析》成为 Google 的基础。

佩奇和布林的合作基础在于他们有类似的技术背景，有相同的爱好。他们早年就热爱计算机，并且对数据挖掘很有兴趣。虽然布林出生在俄罗斯，佩奇出生在美国密歇根州，但他们的父母都是大学教授，这使得他们有差不多的生活理念，这又使得他们有了很多类似的观念，他们对很多事情的看法都如出一辙，甚至于他们对公司发展也有相同的看法。

 【创业指导】如何选择创业伙伴

创业，是一个充满艰辛、充满坎坷、充满变数的"长征"，考验的不仅是创业者个人的品行、学识、智慧、胆略，更是整个创业团队的"综合战斗力"。

"搭班子、定战略、带队伍"管理"三步曲"中的"搭班子"，指的就是组建核心团队或寻找合作伙伴。"搭班子"位居首位的排列次序，某种意义上诠释了其在管理上重中之重的特殊性。因此，创业过程寻找合作伙伴的重要性，越发显得重要。编者认为，创业者选择合作伙伴的考量标准，应重点强调把好以下"四关"：

第一，以德为先的"预选关"。这里的德，重在考察品行本质，即表现在得失观、价值观、人生观、荣辱观。把个人得失与项目发展融为一体，崇尚实现社会价值的更高追求目标，乐观、豁达、积极的人生态度以及基本道德观念下的操守意识、名利观念，是德行考察的重要内容。

第二，以能为基的"入口关"。目标远景决定了团队核心重要组成部分的能力要求。能力构成是打造核心团队的基础，因此把能力作为入口把关就显得顺理成章也极具重要。这方面的能力考量，除了专业背景、专业能力外，沟通能力、协调能力、组织能力以及公关能力，是构成"复合型"人才能力的重要组成部分。能力的评价，可以从业界口碑、人脉关系等方面较明显地表现出来。

第三，以业为重的"考评关"。在德、能基础上，重点从项目发展角度，考评是否与团队整体目标愿景高度一致，是否对项目发展有足够的信心，是否有毅力克服创业过程的艰难困苦，是否能处理好个人、家庭、事业（项目）及社会责任的和谐关系。以业为重的"考评"是一个长期、复杂的过程，随着项目发展的不同阶段，会表现出不同的细微变化，但主旨是否有所改变以致影响项目发展的重要性有多少，是考评的关键和重点。

第四，以人为本的"融入关"。这里的以人为本，强调合作伙伴间相互配合、相互协调、优势互补的倍增效果。恃才傲物、自命清高的"人才"，会在团队协作过程中表现出不和谐，甚至会影响战略目标及战术步调的实施。因此，合作伙伴选择上的"人本融入"，是一个重要的过程而不是可有可无的，自然也需要一个较长时间的过程实现。

纵观以上"四关"的选择过程，首先要求创业者本人有驾驭进程、有效沟通、识人辩才的能力，更要求其本人基本具备以上德才。没有这些，就不会形成团队的核心，项目推进也就成了无本之木，无源之水。因此，选合伙伙伴前，先用这些标准衡量一下自己，是一个必须的、重要的过程。佛家有云：相由心生；俗家有讲：人以群分。你具备多少或具备什么样的德、能，就会有多少聚集人、财、物，乃至做成事业的能量。因此，择事先问市，择人先择己，是创业第一要务。

6. 创业第六步：找准你的企业法律形态

 【创业故事】小摊贩如何变亿万富翁

张惠雅身材窈窕娇小，喜欢戴一副咖啡色的眼镜，虽然已经是一家大企业的老板，但还一脸略带稚气，说话带着四川口音，总是慢声细语。若不是事先知道她的经历和身份，谁也看不出，这个文静的小女子竟然是西北 X 市一个赫赫有名的企业家。细数张惠雅 20 余年商场的风雨历程，还要从她单身独闯西北 X 市说起。

26年前的元宵节过后，浓浓的年味渐渐散去，很多年轻人又开始了新一年的打拼。在四川南充的一个村头，17岁的女高中毕业生张惠雅一步三回头地向不断流泪的父母挥手告别。家里实在太穷，高考落榜的她不忍心再让年近花甲的父母借债供她复读，听说西北 X 市地广人稀，钱好挣，便不顾父母的再三劝阻，怀揣着从亲友家借来的 2000 元钱，毅然踏上了西去的列车，千里之外的西北 X 市是她遥远的致富梦境。

走出西北 X 市火车站，张惠雅一身旧棉袄因为挤火车变得更加皱皱巴巴，肩上还扛着厚厚的铺盖卷。这样的她，立刻招来周围人鄙夷不屑的眼光。繁华的西北 X 市没有像她这样贫穷"盲流"的立足之地，举目无亲的张惠雅只好连夜搭车赶往 X 市某郊县，投奔一个远房亲戚表舅。住到表舅家后，她才稍稍有所安心，但接下来，她在那个郊县转悠了6天，却找不到赚钱的合适生意。张惠雅不愿吃闲饭拖累表舅，她不顾表舅母的再三劝阻，又独自向西行了300多公里，来到西北的边陲小城，在那里落了脚，从摆地摊开始去做生意。

缺少资金的张惠雅懂得集腋成裘的道理，她也只能从贩卖小东西起步，卖拨浪鼓、头花、耳环、钥匙链、打火机、塑料小玩具等，虽然每件只能挣一角钱左右，但她决不放过任何一次细微的赚钱机会。在别人满口"盲流""无业游民""四川灾民"的讥讽声中，在被别人以"妨碍交通""影响市容"为借口的随意驱赶中，张惠雅牢记"和气生财"的古训，学会了忍让和宽容，以诚相待，童叟无欺。她敦厚诚实的人品逐渐得到当地人的认可，买她东西的人越来越多了起来。就是靠着这一分薄利的积攒，第一年她居然赚了9000元，这对当时的张惠雅来说，绝不是一笔小数目。

初次经商的小小成功，激励起了张惠雅图谋发展的壮志，她不甘心一直在地处边陲的小城里摆地摊赚小钱。闯西北的第二年秋天，她怀揣两万元血汗钱，再次去了 X 市，学着其他老乡做商品批发生意，却不承想栽了个大跟头。那年秋末，她从 NF 市一个服装商手里批购了 300 件羽绒服运到乌鲁木齐，但因缺乏服装商品质量鉴别意识和经验，之后被人发现羽绒服的内里以次充好，一番辛苦折腾不算，用心血挣来的 1 万多元全赔了进去。张惠雅为此大哭了一场。但她并没有从此一蹶不振，而是从失败中吸取了教训，做生意时不仅要考察对方的品德，对商品的质量也格外重视起来，对选购商品品种也分外慎重。

几年的观察思考，几年的商品更换，几年时赚时赔的摸爬滚打，使张惠雅不仅积累了数百万元的生意资本，而且大大开拓了商业眼界，广交了许多商界朋友，丰富了经商经验，为她日后的事业发展筑起了一座跳台。其间，张惠雅总结的最宝贵的经商经验就是以诚为本。她以自己的实际行动扭转了某些人头脑中"无商不奸"的传统观念，特别是扭转了不少西北 X 市人对外地人的不雅偏见。

对于非常重视资金周转的商人来说，一般是不愿意无偿向外借钱的，特别是女商人对金钱抠得更紧。

但张惠雅却不以为然，当年摆地摊的艰辛经历使她对"雪中送炭"一词情有独钟，她把帮人解困作为做人的崇高美德。这些年，凡是向她开口借钱的商界熟人，她总是有求必应，慷慨解囊。她的作风也为她赢来 X 市商业圈的极好口碑，让她的生意做起来更加顺风顺水。20 年过去了，张惠雅如今早已站在了让很多人仰望的高度。

【创业指导】选择企业法律形态

企业法律形态大体上有这么几种：有限责任公司、股份有限公司、中外合资企业、中外合作企业、外商独资企业、合伙企业、个体工商户、农村承包经营户等。我们应当根据自己的经济实力及其他有关情况，决定自己创办企业的形式。

不同企业法律形态有不同的要求，包括开办和注册企业的资金、开办企业手续的难易程度、风险责任的大小、纳税额的多少、筹措资金的难易、寻找合伙人可能性的大小、企业决策的复杂程度、企业利润的多寡，等等。

各种企业法律形态各有利弊，我们不能简单地说某种企业法律形态最好或最差，但从总体上说，选择企业法律形态应当考虑的因素有：

(1) 拟创办企业的规模大小；

(2) 创业时所拥有的资金的多少；

(3) 共同创业人数多少；

(4) 创业的观念；

(5) 所能承受的风险；

(6) 准备创业的行业的发展前景。

具体而言，在选择企业形式时要注意以下几个方面：

(1) 如果准备开办的企业规模较小，投资人较少，资金较少，所有风险由自己一个人承担，那么就可以选择比较简单的企业形式，如个体工商户或合伙企业。

(2) 如果准备开办的企业规模较大，投资人比较多，需要的资金较多，为避免较大的债务风险，可以选择有限责任公司这种企业形式。

(3) 如果能争取到国外的投资者，享受外商投资的有关优惠政策，则可以考虑选择中外合作企业或中外合资企业这种企业形式。

(4) 如果有其他的合伙人，则可以选择合伙企业、有限责任公司等企业形式。

(5) 如果有较强的独立意识，不愿与他人合作，则可以选择个体工商户或个人独资企业。

(6) 如果所选择的是科技含量高、需要大量投资的企业，则可以选择有限责任公司或股份有限公司等企业形式。

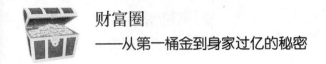
7. 创业第七步：精确研读国家的大政方针

【创业故事】离奇创业故事大学生用垃圾敲开财富之门

大卫·马科特，28岁，英国一家知名环保公司的总裁。年纪轻轻便有如此成就，可以说他是一名商业奇才。帮他得到财富的，是他的很多奇思妙想和他的环保意识。

他的环保公司不像其他垃圾回收公司那样把垃圾打碎、分解或制成浆，再做成其他东西，而是收集各种废弃包装，想办法让它们"重生"。

可以说大卫·马科特除了非常注重环保，他认为自然界没有垃圾，每样东西都有可取之处。再加上他头脑十分灵活，所以，他获得成功并不让人意外。人们随手扔掉的果汁包装袋在他看来可不是垃圾，而是一个个漂亮别致的杂物篓；一张被丢弃的唱片经过他的改良后可以当作挂钟；至于糖果纸，他可以用来做风筝。

大卫·马科特的公司如今市值达400万欧元，并已进军墨西哥、加拿大、美国和巴西。如今的大卫环保公司，和多年前的草创时的情况相比，不可同日而语。

当年，大卫·马科特是英国某国立大学的一年级新生，和同窗好友罗恩·马力联手参加一次创业比赛，计划利用蚯蚓的排泄物制成有机肥料。尽管没能赢得比赛，他们还是决定放手一搏。两人倾其所有，向亲友借钱，透支了所有的信用卡，还请来英国著名的创投专家相助。

由于没钱做产品包装，大卫·马科特和罗恩·马力只好上街，在资源回收箱里搜集空瓶，还差点儿被抓进警察局（他们不知道这样做是违法的）。不过，他们倒有一个意外收获：发现大多数废弃空瓶的尺寸其实大同小异，盖子也大致通用。也就是说，他们可以利用生产线来快速装填产品。目标非常明确：化垃圾为产品！大卫·马科特觉得他可以从那所国立大学退学了。于是，这才有了大卫后来的环保公司。

他的公司，首推的产品是肥料。他们利用大型餐厅的剩饭剩菜养殖蚯蚓，将蚯蚓的排泄物装在回收瓶里贩卖。结果这种廉价又环保的绿色肥料，迅速在市场上赢得口碑。

2005年，英国一家知名的家居建材连锁超市开始把这种肥料放在旗下的加拿大商店里销售，形势一片大好，就连英国的园艺产品巨头，都开始注意大卫环保公司这个新兴的竞争对手。

2008年，那家园艺公司将大卫·马科特的小公司告上法庭，声称大卫环保公司的黄、绿两色包装图案，与这家园艺公司的品牌包装图案过于相似，误导了消费者。

大卫环保公司立即更换了包装，大卫·马科特却形容这次诉讼是"前所未有的好事"，因为媒体大肆报道"小虾米对抗大鲸鱼"，让大卫环保公司有以小搏大的宣传效应，业绩一夜间飙升了一倍以上。大卫环保公司自此迅速成长，并增加了新的生产线。

发动庞大的"资源回收队"收取原料

大卫环保公司的另一件明星产品，是用果汁包装袋制成的铅笔袋。最初，该公司共同创办人梅西亚特听说，加拿大某处存放了2000万个回收的卡普里阳光果汁袋，被压成一堆堆又黏又臭的垃圾块等待处理。他赶到那儿，说服加拿大官员把这堆可怕的垃圾交给他。梅西亚特回来后，对大卫和罗恩说："加拿大政府认为我脑子坏了！"

随后，梅西亚特找到自己心仪的合作公司，向几位负责人说明来意。对方欣然认同了这个资源再生的好主意。

如今，大卫环保公司的仓库，每周都会接收200万个来自"资源回收队"

的包装袋。回收队成员来自学校与非营利组织，并由几家袋装食品公司赞助。回收人员每交出一件回收物品，可以得到两美分的报酬。

英国一家国立小学的老师谭波尔动员她的学生们，组织了一支回收队。孩子们用一年零两个月的时间，收集了 35000 个果汁包装袋。谭波尔对大卫说："表面上看来，他们花了好大力气才赚到 600 美元，不过，这些活动能让他们更加了解垃圾回收的重要性。"

大卫听了谭波尔的话，自掏腰包，送给了每个孩子一个用果汁袋做成的铅笔袋。

赞助环保公司的企业也从中获益。只要由他们的产品包装改制的商品成功售出，他们就可以得到销售额的 5% 至 7%，但同时也得捐出部分收入给慈善团体，企业形象因此大大提升。一个果汁制造商杰夫·比利特说："由于环保公司的创意，加上我们公司的努力，大约 500 吨垃圾（相当于 1 亿多个包装袋）摆脱了进入垃圾场的命运。迄今为止，我们已经为红十字会和非洲地区捐款超过 15 万欧元。"

来到大卫环保公司的办公室，我们可以看到，一切物品都经历着自己的"第二春"，在大卫·马科特的奇思妙想之下，变废为宝。如果有人问："这些家具打哪儿来？"大卫·马科特会开心地说："都是从垃圾车上捡来的。"大卫·马科特老爱强调，自然界没有垃圾。

大卫环保公司进行垃圾回收再制作，必须与许多大公司合作，但这些大公司往往被传统环保分子视为"生态大敌"，大卫·马科特承认他一直受到批判。

但 80% 的英国人都喜欢去大卖场购物，英国几家知名的连锁超市都与大卫环保公司有合作关系。大卫·马科特说："因为这样比较划算，这点是不会改变的。问题出在那些有机的绿色产品总是比较贵，让许多顾客望而却步。而我们公司的所有产品都由免费的垃圾制成，人们有权利不必花大钱，也能保护地球。"

【创业指导】当下创业正当其时

创业者作为市场活动的一个参与者，以其最终创办的公司，都要在一定的市场环境下开展经济活动；而市场环境受国家大政方针的影响尤为突出，因此，作为创业者，精确研读国家大政方针显得很重要。

当前，在就业压力、金融危机等的影响下，国家积极支持创业，鼓励以创业带动就业，对创业实施"退、减、补"等优惠政策，可以说：当下创业正当其时。让我们一起来解读国家关于鼓励创业的大政方针：

1. 减轻创业者负担

创业初期往往是最艰难的阶段，为此，国家出台了很多关于促进创业的政策。从实践来看，这些政策发挥了很大的作用，在很大程度上提高了创业的成功率。

2008 年年底多个部委联合出台了《关于促进以创业带动就业工作的指导意见》，提供了多项优惠政策，帮助广大有创业意愿的劳动者实现顺利创业。

财政部表示，将实行税费优惠政策，减轻劳动者创业负担。工业和信息化部表示，要大力发展各类中小企业，鼓励引导支持非公有制经济发展，增加就业岗位。国家发展改革委规定，将降低创业准入门槛。在法律、法规许可范围内，对初创企业，可按照行业特点，合理设置资金、人员等准入条件，允许注册资金分期到位；按有关规定允许创业者将家庭住所、租借房、临时商业用房等作为创业经营场所。

为了应对国际金融危机的冲击，切实减轻中小企业的负担，2008 年 12 月，人力资源和社会保障部、财政部、国家税务总局联合下发《关于采取积极措施减轻企业负担稳定就业局势有关问题的通知》，"允许困难企业在一定期限内缓缴社会保险费""阶段性降低四项社会保险费率""使用失业保险基金帮助困难企业稳定就业岗位"和"鼓励困难企业通过开展职工在岗培训等方式稳定职工队伍"等4项政策。

2009年12月,这些部门又联合下发了《关于进一步做好减轻企业负担稳定就业局势有关工作的通知》,规定将这些政策措施延长到年底,并明确重点向困难中小企业倾斜,规定在同等条件下,要优先受理中小企业缓缴社会保险费、享受社会保险补贴、岗位补贴和在职培训补贴的申请;经审核符合条件的,优先予以批准。

2. 以创业带动就业

2010年,人力资源和社会保障部、教育部、财政部等6部委联合开展"高校毕业生就业推进行动",实施"创业引领计划"。在此基础上,有关部门先后出台了一系列促进高校毕业生创业的政策,主要包括:

一是放宽市场准入条件。高校毕业生初创的企业,允许按行业特点合理放宽资金、人员准入条件,以及注册资金分期到位。高校毕业生按照法律、法规规定的条件、程序和合同约定,可以将家庭住所、租借房、临时商业用房等作为注册地点及创业经营场所。

二是出台收费减免的政策。毕业2年以内的高校毕业生从事个体经营时,自在工商部门首次注册登记之日起3年内,可免交管理类、登记类和证照类等有关行政事业性收费。

三是提供小额担保贷款支持。以前,高校毕业生必须先进行失业登记,才能够申请小额担保贷款。今年,人力资源和社会保障部、教育部等6部门下发文件明确,高校毕业生只要到人力资源社会保障机构进行求职登记,就可以按规定申请小额担保贷款;从事微利项目的,可按规定享受贴息扶持;对合伙经营和组织起来就业的,贷款规模可适当扩大。

四是做好劳动保障服务。对申报灵活就业和创业的高校毕业生,提供免费劳动保障和人事代理服务,做好社会保险关系的接续,并落实好相应的社会保险补贴政策。

五是进行创业培训。对有创业愿望并具备一定创业条件的登记求职的高校毕业生，对其开展不少于 10 天的创业培训。

8. 创业第八步：预测启动资金的需求金额

 【创业故事】一个创业者讲述的创业故事

杨平伟，男，27 岁，创业短短 5 年，资产从 2 万元飞跃到 1000 万元。

2005 年，杨平伟创业之初，公司的办公面积只有 40 多平方米，是在一家老旧居民楼里租的单元房，公司的员工只有杨平伟一人。5 年来，他的公司从只有他一个人，发展到员工 30 多人、加盟商 100 多家、大小客户共 4500 多个。从仅有的两万元创业资金变成今天的每年 1000 万元纯利润。很多采访杨平伟的记者都问他，是靠着什么在那么艰苦的条件下，走到了今天。杨平伟总是回答说："因素很多，但最重要的就是明确的阶段性目标。"

杨平伟最初成立兴平公司时，他的办公室是什么样的呢？他在旧货市场买了 4 张桌子 8 把椅子，又去一家专营山寨货的电子城买了两台电脑。做完这些后，他的手里只剩下 11900 多元。从此，杨平伟开始了他的创业之路。杨平伟当时的目标是，第一个月解决公司人员不足问题——完成人员招聘。前 3 个月解决员工的工资问题，要保证能给员工准时发工资。前半年时间，至少要接 30 个网站制作，做到 5 万营业额，后半年时间开发一种网上开店的软件，全年完成 80 个网站 10 营业额，赚到 4 万净利润用来支付明年的房租。一年才 10 万元的营业额，很多人会觉得这样的目标太低了，毕竟，很多成功的打工者，一年的薪水可能都不止这个数了。但正是这个目标才让杨平伟的公司在当时激烈的竞争中生存了下来。

到了2006年，公司的境况改善了很多。杨平伟将公司搬进了120平方米的办公室，他手下的员工也达到了5人。尽管业务量小得可怜，但是看到越来越多的公司相继倒闭，而他的公司却挺了下来，杨平伟对未来仍充满了信心。那一年，杨平伟的目标是让更多的网商了解到兴平公司所开发的购物系统软件，用半年时间在销售的过程中继续完善这款软件，全年销售900套完成90万营业额。出乎意料的是，那一年杨平伟卖了1000套购物系统软件。杨平伟公司开发的产品得到了越来越多的客户认可。

2007年，杨平伟发现了一个巨大的电子商务市场——成人用品，并且开始了成人用品电子商务平台的筹划，准备用一年的时间做到中国成人用品电子商务的前五名。那时候，兴平公司已经扩大到两个办公室，员工10多人。杨平伟制定的2007年的目标是：用3个月时间把所有的准备工作做好，之后面向全国招商，把商品的利润空间全部给加盟商，用最短的时间和加盟商共同打开这块市场，占领足够大的市场份额，年底进入行业前五名；同时完成这套购物系统销售2000套的销售业绩。因为兴平公司的招商政策好，利润空间大，推广力度强，到2007年年底，兴平公司在全国各地招到300家加盟商，并且大多数加盟商运营3个月后开始稳步盈利，兴平旗下的成人用品连锁进入中国成人用品电子商务行业前三名，尽管和前两名还有一段差距，但是他们做了10年而兴平公司仅用了1年。

到了2010年，兴平已经达到每年净利润1000万元。此时，他们的目标是发展1000家网络加盟商，将销售额扩大5倍，占领中国成人用品电子商务15%的市场份额；把公司主打的购物系统打造成中国最好的电子商务软件，在各地建立销售渠道，全年完成销量5500套！

也有记者问过杨平伟：你最后的目标是什么？你想把公司做到多大？每年净利润，要达到多少钱？

杨平伟的答案很简单，他说他最终的目标不是把公司做到多大规模，也不是每年达到多少的净利润。因为无论公司做多大，始终都有太多比你的公司还要更大的公司，无论你每年赚多少钱，始终都会有更多比你还有钱的人。他的目标仅仅是开发一款电子商务软件，让企业可以更方便更全面地为客户展示自己的产品，并且把这些产品通过网络销售出去；他要做的，仅仅是创建一种电子商务模式，可以让网络创业者们通过自己的努力在最短时间内成为一名成功的网商。杨平伟说，这个目标不可能在一两年的时间内完成，所以他把这个目标分成了8步，打算用8年的时间完成。

 【创业指导】预测启动资金需求

预测创业启动资金，可以降低风险，提高创业成功的概率。开办企业必须购买的物资和必要的开支。并测算其他总费用，这些费用叫作启动资金。

启动资金用来支付场地(土地和建筑)、办公家具、设备、机器、原材料、商品库存、营业执照和许可证办证费、开业前广告和促销费、工资、水电费和电话费等费用。

这些支出可归为两类：

1. 投资(固定资产)——是指你为企业购买的价值较高、使用寿命长的东西。有的企业投资很少就能开办，而有的却需要大量的投资才能启动。明智的做法是把必要的投资降到最低限度，让企业少担些风险。然而，每个企业开办时总会有一些投资。

2. 流动资金——指企业日常运转所需要支出的资金。

投资(固定资产)预测

开办企业时，你必须有这笔资金，而且说不定要等好几年后企业才能挣足钱收回这笔投资。因此在开办企业之前，有必要预算一下你的企业投资到底需要多少资金。你的投资一般可分为两类：企业用地、建筑和设备。

企业用地和建筑：办企业或开公司，都需要有适用的场地和建筑。也许是用来开工厂的整个建筑，也许只是一个小工作间，也许只需要租一个铺面。如果你能在家开始工作，就能降低投资。在前面谈到营业地点问题时，你已经决定在哪里设置你的企业。现在要进一步看你的企业具体需要什么样的场地和建筑等。

当你清楚了需要什么样的场地建筑时，要做出以下选择：造新的建筑；买现成的建筑；租一栋楼或其中的一部分；在家开业。

设备：设备是指你的企业需要的所有的机器、工具、工作设施、车辆、办公家具等。对于制造商和一些服务行业，最大的需要往往是设备。一些企业需要在设备上大量投资，因此了解清楚需要什么设备，以及选择正确的设备类型就显得非常重要。即便是只需少量设备的企业，也要慎重考虑你确实需要哪些设备，并把它们写入创业计划。

流动资金预测

你的企业开张后要运转一段时间才能有销售收入。制造商在销售之前必须先把产品生产出来；服务企业在开始提供服务之前要买材料和用品；零售商和批发商在卖货之前必须先买货。所有企业在揽来顾客之前都必须先花时间和费用进行促销。总之，你需要流动资金支付以下开销：购买并储存原材料和成品、促销、工资、租金、保险和许多其他费用。

有的企业需要足够的流动资金来支付6个月的全部费用，也有的企业只需要支付3个月的费用。你必须预测，在获得销售收入之前，你的企业能够支撑多久。一般而言，刚开始的时候销售并不顺利，因此，你的流动资金要计划富裕些。

根据预测，你将制定一个现金流量计划。它会帮助你更准确地预测你所需要的流动资金。等你做完这个计划之后，你可能还得回头再更改启动资金里的流动数额。

原材料和成品储存：制造商生产产品需要原材料；服务行业的经营者也需要些材料；零售商和批发商需要储存商品来出售。你预计的库存越多，你需要用于采购的流动资金就越多。既然购买存货需要资金，你就应该将库存降到最低限度。如果你是个制造商，你必须预测你的生产需要多少原材料库存，这样你可以计算出在获得销售收入之前你需要多少流动资金。如果你是一个服务商，你必须预测在顾客付款之前，你提供服务需要多少材料库存。零售商和批发商必须预测他们在开始营业之前，需要多少商品存货。记住：如果你的企业允许赊账，资金回收时间就更长，你需要动用流动资金再次充实库存。

促销：新企业开张，需要促销自己的商品或服务，而促销活动需要流动资金。在第三步中你已做了促销计划并预算了促销费用。

工资：如果你雇用员工，在起步阶段就得给他们付工资。你还要以工资方式支付自己家庭的生活费用。计算流动资金时，要计算用于发工资的钱，通过用每月工资总额乘以还没达到收支平衡的月数就可以计算出来。在第四步中，你已经确定了所需员工数量和他们的月工资。

租金：正常情况下，企业一开始运转就要支付企业用地用房的租金。计算流动资金里用于房租的金额，用月租金额乘以还没达到收支平衡的月数就可以得出来。而且，你还要考虑到租金可能一付就是3个月或6个月，会占用更多流动资金。在第三步中，你已选择了开办企业的地点。

保险：同样，企业一开始运转，就必须投保并付所有的保险费，这也需要流动资金。在第六步中，你也计算了保险费用。

其他费用：在企业起步阶段，还要支付一些其他费用，例如电费、文具用品费、交通费等。

财富秘密

第七则
剖析宏观调控
——把握国家的大政方针里的财富走向

本章导读：2009年1月14日，"国务院总理温家宝主持召开国务院常务会议，审议并原则通过汽车产业和钢铁产业调整振兴规划。汽车产业规划决定实施新能源汽车战略，推动电动汽车及其关键零部件产业化，中央财政安排补贴资金，支持节能和新能源汽车在大中城市示范推广"。当这则新闻播出之后，中国汽车产业几乎呈现爆发式增长，中国首次超越美国，成为全球第一大新车市场……

当国家通过宏观调控来支持这个产业发展的时候，那么政策与财政就会大力地支持和倾向这个产业，那么这个产业里面的企业就能够获得梦寐以求的资金、技术、人才等方方面面的资源，所以要想解读财富圈的秘密，首先你就要学会深度剖析国家的宏观调控政策，当你能够把握国家大政方针里的财富走向，那么下一个亿万富翁也许就是你了。

1.怎样从每年一度的政府工作报告中嗅出财富

 【热点概念解读】政府工作报告

每年到了两会期间,无论是人大代表还是普通百姓,关注最多、讨论最多的永远都是政府工作报告。报告中能发现什么呢?这首先需要了解一下政府工作报告的基本概念。

政府工作报告的结构通常分为三部分:

1.一年来工作回顾

回顾并总结上一年来的政府工作情况。汇报政府取得的成绩和基本经济指标完成情况,然后再将政府工作分为几个大类(如经济、社会事业、劳动等),分别详细阐述工作举措和成绩。

2.当年工作任务

归纳当年政府各项工作,汇报这一年政府的工作计划和目标。首先提出一段纲要性的文字,说明当年政府工作的基本思路和主要任务。然后再将政府工作分为几个大类(如经济、社会事业、劳动等),分别详细阐述将要施行的工作举措和工作计划。

3.政府自身建设

详细阐述对当年政府内部的政府职能、民主化建设、依法行政、政风建设等方面将要施行的工作举措和工作计划。

 【政策分析】

我们以2010年的政府工作报告为例,报告中明确指出"今年经济社会发展的主要预期目标是：国内生产总值增长8%左右；城镇新增就业900万人以上，城镇登记失业率控制在4.6%以内；居民消费价格涨幅3%左右；国际收支状况改善"。

这里要着重说明，提出国内生产总值增长8%左右，主要是强调好字当头，引导各方面把工作重点放到转变经济发展方式、调整经济结构上来。

报告里还提出"居民消费价格涨幅3%左右，综合考虑了去年价格变动的翘尾因素、国际大宗商品价格的传导效应、国内货币信贷增长的滞后影响以及居民的承受能力，并为资源环境税费和资源性产品价格改革留有一定空间"。

从整体上看，政府工作报告可能过于宏观，对于实际生活中财富的创造似乎并无直接帮助。但是，毋庸置疑的一点是，把握宏观是指导微观具体举措的必由之路，不存在脱离宏观的微观。

结合前期提出的"家电下乡"、农用机械补贴，小排量汽车补贴等政策分析不难发现，国家对于百姓民生的关注正在加强，同时也希望拉动普通公民，尤其是农村地区居民的消费积极性。同时中央经济工作会议也将新兴产业作为重点扶持和发展的对象，其受益面还是相当广泛的。由此将可以拉动相当数量的投资来进行前期的基础设施建设，无论是国家还是民间资本都将寻找到一个新的流向。在这样的大背景之下，如何发掘财富的洼地似乎已经很清晰了：关注消费领域，同时把握政策对于新兴产业，如新能源、节能低碳、生物医药等的动向。只有选择了朝阳产业才能获得稳定的财富回报，只有把握了政府的政策动向才能将受益扩大。

2. 国家重拳调控楼市究竟是为哪般

 【热点概念解读】楼市调控

从 2010 年年底开始国家为遏制房价过快上涨, 抑制投资投机性购房出台了一系列楼市新政。从开发商拿地首付到提高二套房贷, 从二手房营业税到存款……调控楼市新政此起彼伏, 让人不禁眼花缭乱。尤其是 2011 年 4 月以来, 为遏制部分城市房价过快上涨, 中央接连重拳出手调控楼市, 掀起新一轮楼市调控风暴。

现在, 我们先梳理一下政府出台的楼市调控政策:

2010.11.03 住建部等限制公积金贷款购房首付比例;

2010.09.29 多部委出台巩固房地产市场调控成果措施;

2010.09.27 国土部住建部出重拳: 闲置土地一年以上禁拿地;

2010.07.12 银监会: 严格执行差别化房贷政策;

2010.06.04 3 部委发文明确个人房贷二套房认定标准;

2010.04.17 国务院: 房价过高地区可暂停发放第三套房贷;

2010.04.13 住建部: 加快保障房建设遏制房价过快上涨;

2010.04.11 银监会: 银行不得对投机投资购房贷款;

2010.03.18 国资委要求 78 家非地产主业央企 15 天出退出方案;

2009.12.23 财政部: 5 年内住房转让全额征收营业税;

2009.12.17 5 部委新政打击囤地炒地: 拿地首付不低于 50%;

2009.12.14 国务院提四措施遏制部分城市房价过快上涨;

2009.12.09 个人住房转让营业税征免时限由 2 年恢复到 5 年;

【政策分析】

从中央到地方，从财政到货币政策，接连不断的调控政策出台，它们的目的其实相当明确，就是打压前期飞速上扬的各地楼市楼价。

前期急速飙升的房价填饱了谁的腰包？又无形中窃取了谁的利益？答案则更加明确：房产投资客在炒作房价、将房价推向让普通百姓咋舌的高位的同时，将大把大把的利润揽入了自己的口袋，更有疯狂者在楼市暴涨的2007年放弃了实业经济，转而步入房产业，一夜暴富，进而彻底放弃实业，只专注于房产业，使得行业的泡沫越吹越大。而对于住房需求最紧迫的工薪阶层而言，买房成为最为痛苦并且要用一生的积蓄为代价的奢侈品。

当房价被推向天花板后，可以说楼市彻底沦为了帮极少数人谋取利益的产物，为了那一小部分人，绝大部分老百姓几乎要被榨光。这种情况对老百姓来说十分痛苦，对于国家来说，则有极大的隐患。越是到了这时候，就越应该有人为百姓说话。政府作为人民的公仆发出了声音，用国家的力量有力打击了以推高房价为获取利益手段的个人投资客和机构炒房团。对于稳定房价，防止房产泡沫出现，合理配置资源，维护社会公平正义起到了决定性的作用。房地产市场作为一个社会最基础、影响最远的市场，一直以来都是社会最为敏感的领域，能否处理好房地产经济与社会经济发展的矛盾直接关系到一个国家和地区经济正常发展以及社会的稳定。90年代末至今经济低迷的日本，以及2008年金融危机源头的美国都与地产泡沫的产生有关。稳定房产市场势在必行！

【政策引导】

在一道道政策的调控下，曾经不可一世的房价似乎也不再能一手擎天了。

根据政府 2010 年 10 月最后一周发布的一份报告。2010 年 10 月最后一周的交易数据来看，价格方面变化似乎并不明显：房价整体平稳，维持高位运行，上周 12 个重点城市均价涨跌各半，整体平均环比上涨 2.2%；其中一线城市平均环比上涨 5.7%，二线城市平均环比上涨 2.0%。但是成交量方面的变化似乎更能说明问题：一手商品房市场销量出现一定的分化，18 个重点城市平均环比回落 3.1%，有 10 个城市环比出现增长，从城市类型上看，一线城市平均环比回落 2.2%，二线城市环比回落 3.6%。

另一个重要数据是库存情况：市场库存底部震荡，上周 10 个重点城市可售量平均回落 1.5%，全国 29 个重点城市 11 月计划开盘量较 10 月环比下降 31.3%。

现在看来，想通过炒房地产来获取暴利的时代似乎正在渐渐远去，炒房的热潮正在渐渐退去。也许有人会说，中国对于住房的需求是刚性的，理由是有那么多需要购房的年轻一代，房价一定还会上升。诚然，中国目前具有刚性需求的现实，但是这一理由目前已经难以支撑房价飞速上扬的理由了。从金融资本市场的变现和表现我们似乎能看出一些端倪：A 股市场中，曾经飞扬跋扈的地产板块似乎变得一蹶不振，如今早已不是市场追捧的热点了，甚至嗤之以鼻、避之唯恐不及，资金也开始大量外流。作为实体经济的晴雨表，资本市场的表现应该可以说明一些问题了吧。

换一个角度分析，在政府严厉打压房价的同时，其实从另一个角度又开了一扇门。资本不再追逐曾经带来暴利的地产业，这部分资金必然会流向别的地方。因此就出现了 2010 年年底的物价飞涨情况，"豆你玩""糖高宗""苹什么"等这些流行语反映出物价飞涨的现状。从 8 月份以来，国家统计局公布的统计数据显示，居民消费价格指数（CPI）节节攀升，频频创出新高，从 8 月份的 3.5，九月份的 3.6，到十月份的 4.4，甚至到了 11 月该指数攀升到 5.1 的高位，将百姓的生活再次推向了艰难之中。政府再次对于炒作物价的现象作出反应，开始高频率提高存贷款准备金率，并且在召开的中央经济工作会议中将平抑物价作为经济发展的大事着力解决。抑制物价过快上涨的决心显而易见。

资金应该投向哪里？似乎成为一个棘手而漂浮不定的问题。但是，有一点相当明确，那就是政府打压物价上涨的决心是在任何时候都不会动摇的。从当年的楼市，到当前的普通生活必需品，虽然都有过价格飞涨的辉煌，让投资客赚得盆满钵满，但是那都只是暂时的，它们的飞速上扬都不利于百姓的利益，并且会成为社会的不安定因素。一个正常而理智的政府，一定会想办法来遏制这种现象，以免发生社会动乱。顺势而为，顺应政府的思路去投资方能获得持久而稳定的收益。

3. "国进民退"山西煤矿资源整合的深层启示

【热点概念解读】国进民退

对于"国进民退"概念的理解，有狭义和广义之分。狭义上讲，表现为国有经济在某一或某些产业领域市场份额的扩大，以及民营企业在该领域市场份额的缩小，甚至于退出。广义上讲，除了上述内容外，还表现为政府对经济干预或者说宏观调控力度的加强。无论是国进民退还是国退民进，都是市场经济的中市场主体竞争的必然结果，是市场经济的正常现象。国进民退了应该说是与建立和完善公有制为主体、多种所有制经济共同发展的社会主义市场经济基本制度相一致的，符合社会主义市场经济的目标。

自改革开放以来，我国民营经济的增长势头从未消退。《中国企业家》

根据《中国统计年鉴》的数据，对 2002 年和 2007 年国有及国有控股企业工业产值在全国工业总产值中占的比重进行了计算。2002 年，国有工业产值的比重为 40%；2007 年国有工业产值的比重为 29.5%，下降了近 10%，说明经济发展总体上仍是"国退民进"的态势。

但民间似乎并不买账。某民营企业老板表示："国家 4 万亿投资，今年一季度银行又放出 4 万多亿的贷款，看着轰轰烈烈，却大都给了国有大项目，我们一分钱都拿不到。""我们在某家银行的信贷记录上很好，是大大的良民，却贷不到款。经济危机来了，国有企业是稳定了，民营企业恰恰相反。"春秋航空董事长王正华如是说。

不可否认的是以中石油、中石化、中粮集团、中国移动等为代表的中字头国有企业，尤其是央企开始逐步成长为巨无霸型的巨型企业，它们的触角伸向了几乎每个领域，出现了"所到之处片草不生"的景象，几乎榨干了民营企业的所有生存空间和利润空间。

【政策分析】

我们以 2009 年争议颇多的晋煤"国进民退"风波为例。我们不能单纯地认为"晋煤整合"就是国进民退，是对民营经济的挤压。当然，也不能说那次整合对民营经济没有影响。因为按照当时的整合的要求，民营企业在煤炭开采领域的空间确实变小了。

可以这么说，"晋煤整合"，是对民营经济的一次挑战和一次新的考验。

【政策引导】

从"晋煤整合"中可以看到，民营企业如果还想快速发展，拼资源、拼环境、拼劳动力等方式，已经越来越靠不住。中国百姓已经越来越重视自身合法利益,如果再一味走这条路下去,那民营企业势必走入死胡同。

与煤炭的国有整合相似的,在石化、钢铁、有色金属冶炼、通信技术等领域国有资本整合民营资本的现状正在普遍发生。最为典型的当属国有河北钢铁整合并购民营日照钢铁,前者经营中曾一度巨亏,而后者则被认为是目前盈利最佳的民营钢铁企业。另外石油石化通过获得政府补贴而在价格方面与民营企业大打价格战,从而挤垮后者的"不道德"经营模式也一度引起社会不满。国有资本似乎达到了为所欲为的境界,不想留给民营经济任何生长空间。

但是理性分析不难发现,"国进"进入的大都是资源性、垄断性较强的领域,而对于高新科技领域似乎并不太感兴趣,而国家当前又极力推行科技创新,政策上扶持有实力的企业,包括民企,进入这些高新科技领域。其实这也是政府在政策上引导民营经济力量避开国有资本的锋芒,另辟蹊径,在发展更为灵活、前景更为广阔的新兴科技领域闯出民营经济的一片新天地。灵活、多变、适应性强、创新积极性强,这些都是民营经济的优势所在,而在这些新兴领域,民营经济的优势更能得以体现。民营资本应当从传统的产业领域撤出来,并且进行产业转型,适应新的发展模式。

然而在新兴产业和新兴市场方面一些企业存在不会转型的状况。一是在新兴市场方面,民营企业国际化经营步伐加大,但从整体上看还处于初级阶段。在潍坊市调研的 33 家上规模企业中,目前只有 2 家企业在海外建立了销售公司。经营人才缺乏、经验不足和不了解海外投资环境成为影响企业海外拓展的主要问题。二是在新兴产业方面,由于没有国家统一的新能源发展战略规划,各地一哄而上、低水平重复建设的现象已经凸显。新兴产业研发力量相对薄弱,许多高技术材料和设备依赖进口,行业发展陷入"引进——落后——再引进"的怪圈。

从总体上说，国家当前正在积极整合资源，在整合的过程中，民营企业可能出现阵痛，这不完全是由于国有资本的挺进而引起的。经济建设全局要求民营力量退出某些领域，并在另外一些领域开发新的天地，这应当就是"国进民退"的真实意图。

4. 创业板的上市暗藏怎样的政策走向

 【热点概念解读】创业板

创业板 GEM（Growth Enterprises Market）board 是地位次于主板市场的二板证券市场，以 NASDAQ 市场为代表，在中国特指深圳创业板。在上市门槛、监管制度、信息披露、交易者条件、投资风险等方面和主板市场有较大区别。其目的主要是扶持中小企业，尤其是高成长性企业，为风险投资和创投企业建立正常的退出机制，为自主创新国家战略提供融资平台，为多层次的资本市场体系建设添砖加瓦。

从 2009 年 10 月 23 日开板以来，至今创业板已缔造了 82 位亿万富翁，创业板的暴富神话随着每一天的新股上市而继续谱写着。而创业板指数也一路飙升，个股股价连创新高。

创业板之所以如此神奇，很大程度上得益于政府设置创业板的目的：

（1）为高科技企业提供融资渠道。

（2）通过市场机制，有效评价创业资产价值，促进知识与资本的结合，推动知识经济的发展。

（3）为风险投资基金提供"出口"，分散风险投资的风险，促进高科技投资的良性循环，提高高科技投资资源的流动和使用效率。

（4）增加创新企业股份的流动性，便于企业实施股权激励计划等，鼓励员工参与企业价值创造。

（5）促进企业规范运作，建立现代企业制度。

【政策分析】

中国政法大学教授刘纪鹏认为，创业板市场培育和推动成长型中小企业成长，是支持国家自主创新核心战略的重要平台。

国务院总理温家宝近日指出，全球将进入空前的创新密集和产业振兴时代，要把争夺经济科技制高点作为战略重点，逐步使新兴战略性产业成为经济社会发展的主导力量。他还重点提到了要大力发展新能源产业，传感网、物联网产业，微电子和光电子的新材料行业，生物医药产业，海洋产业等五大行业。

确实，根据权威部门的研究调查来看，全世界都即将进入空前的创新密集和产业振兴时代。听过温总理报告的人士都应该明白，大力发展新能源产业，传感网、物联网产业，微电子和光电子的新材料行业，生物医药产业，海洋产业等，才是更明智的方向。因为这些产业不仅本身就具备更广更大的市场，更是政策大力支持的产业。

专家普遍认为，支持创业企业发展、落实自主创新战略，是创业板市场的历史使命。同时，我国自主创新战略的实施，也为创业板市场开拓了广阔的发展空间。

中国的独特优势在于，众多高科技企业的行业分布较广，经营模式众多，既有网络科技等新型经济模式，又有高成长的传统商业模式等实体经济模式。这可以保证创业板上市企业行业的多元化，避免了同一行业类型或同种经营模式企业的过度集中。

投资创业板，其实最终的结果将是双丰收的：投资者获得高额回报，企业获得资金支持而飞速成长。我们有理由相信,在不久的将来将会出现一批知名的创业板上市公司,犹如美国的微软、谷歌、苹果一样用创新谱写商业传奇。同时也会出现一批像巴菲特一样有着敏锐嗅觉的投资者,敢于做出风险投资,发掘出潜在的价值。

5. 低碳经济来了,你准备好了吗

 【热点概念解读】低碳经济

低碳经济是指温室气体排放量尽可能低的经济发展方式,尤其是要有效控制二氧化碳这一主要温室气体的排放量。在全球变暖的大背景下,低碳经济受到越来越多国家的关注。

近些年来,科学界以及各国政府已基本达成一致,认为人类活动导致地球大气层中的温室气体(尤其是二氧化碳)不断增多气候正在发生变化。在可预见的将来,温室气体水平过高导致的全球变暖会对人类生活产生负面影响。因此,推行低碳经济被认为是避免气候发生灾难性变化、保持人类可持续发展的有效方法之一。低碳经济以低能耗、低排放、低污染为基础,其实质是提高能源利用效率和创建清洁能源结构,核心是技术创新、制度创新和发展观的改变。发展低碳经济是一场涉及生产模式、生活方式、价值观念和国家权益的全球性革命。

在低碳经济问题上,人们需澄清一些认识上的误区。第一,低碳不等于贫困,贫困不是低碳经济,低碳经济的目标是低碳高增长;第二,发展低碳经济不会限制高能耗产业的引进和发展,只要这些产业的技术水平领先,就符合低碳经济发展需求;第三,低碳经济不一定成本很高,温室

气体减排甚至会帮助节省成本,并且不需要很高的技术,但需要克服一些政策上的障碍;第四,低碳经济并不是未来需要做的事情,而是应从现在做起;第五,发展低碳经济是关乎每个人的事情,应对全球变暖,关乎地球上每个国家和地区,关乎每一个人。

【政策分析】

2009年6月中国社会科学院在北京发布的《城市蓝皮书:中国城市发展报告(NO.2)》指出,在全球气候变化的大背景下,发展低碳经济正在成为各级部门决策者的共识。节能减排,促进低碳经济发展,既是救治全球气候变暖的关键性方案,也是践行科学发展观的重要手段。

"财政金融政策是推动低碳经济发展的重要举措。中国政府采取了加大财政转移支付、减税、设立产业发展基金、银行优惠贷款等政策措施扶持低碳经济发展,并将继续扩大对低碳经济的支持",财政部国际司司长郑晓松11月26日在上海国家会计学院举行的"亚太财经与发展中心2010双年度论坛"上表示。在促进低碳经济发展的众多政策中,财税政策仍是发达国家最为依赖的手段。根据政策所要达到效果的不同,发达国家低碳财税政策可分为两大类:一是促进低碳经济发展的财税政策,如旨在鼓励市场主体进行能效投资、节能技术研发、新能源投资的财政补贴,预算拨款,税收减免,以及贷款贴息等;二是抑制高碳生产、消费行为的财税政策,如旨在提高能源使用成本,鼓励节能降耗,控制温室气体排放的能源税、碳税等。

低碳经济是一个综合性的系统工程。就微观情景而言,实现低碳经济要从"两端"即能源产生端与能源消费端入手,在能源产生端发展清洁能源替代传统能源,在能源消费端推广低碳生产过程与低碳制成品。

不过，从宏观情景来看，就需要考虑实现全社会总碳排量控制的最优途径是什么，不加规划地推广清洁能源技术或低碳产品可能无法带来总碳排量的降低，反而起到相反效果。比如电动汽车本身是低碳的，然而从宏观层面来看，大规模推广电动汽车意味着大量增加电能的消费，在当前煤电占总发电量将近八成的情况下，更多的电能消费就意味着更多的燃煤消耗，从而造成更多的碳排放，有可能抵消推广电动汽车的减排效果。因此，全社会总碳排量降低的实现，并不简单是发展清洁能源与推广节能技术的过程，而是要在考虑经济发展需要的情况下，评估包括传统能源在内的各种能源的系统减排效果，合理选择能源结构。

【新能源产出端】

目前在新能源领域光伏、风电和核电占据了大部分份额，号称新能源的"三驾马车"。国家《可再生能源中长期发展规划》（下简称"规划"）提出在 2020 年将可再生能源占一次能源的总比重发展到 15%，其中重点提到的是水电、生物质能、风电和太阳能。

《规划》提出的 2020 年全国风电装机容量目标为 3000 万千瓦。2010 年 2 月，国家能源局和国家海洋局联合下发了《海上风电开发建设管理暂行办法》，第一轮海上风电招标也将在近期启动。目前我国已经有企业掌握了国际风电主流机型 1.5MW 机组的核心技术，但大多数企业仍为进口—组装企业。行业整体技术水平仍需要提高，适合海上环境的核心组件仍依赖引进。

在核电方面，我国是全球在建核电规模最大的国家。不过核电的进一步发展受到铀资源储量的限制。预计到 2020 年，我国核电产业年消耗铀燃料为 7500 吨左右，与产量上限大致持平。核电除了部分核心环节外，

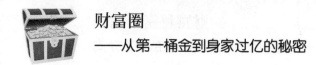

大部分配套环节都具有民间资本进入的空间。

【能源消费端】

光伏发电和风能发电面临的最大瓶颈都是能量来源不稳定，因此接入电网将给调峰带来困难。为此，能够在全局层面的大系统水平上自动调峰的智能电网建设将是中国电网未来 10 年发展的主要方向。2009 年 5 月中国提出了到 2020 年建成"坚强智能电网"的计划，总投资达万亿元。

不过，"坚强智能电网"只是骨干网建设，只解决上游发电端的接入问题。而要把智能电网真正应用到最终使用端，还需要在让使用端"智能化"起来——这就是物联网的建设。

对于低碳经济的使用端最大用户——电动汽车来说，完备的充电站体系是电动汽车能动起来的前提。目前，仅一块车用电池的成本就需要差不多 3 万元，如果按照充电站需要为每辆车准备一块可更换电池计算，这笔投入必然是天文数字，因此这方面需要有国家计划才能推动电动汽车的发展。

此外，能源消费端的最终环节是电池技术，这方面目前有大量研发资本投入，各种不同的电池技术之间的竞争已经形成庞大的产业链。从碳的最终去向来说，碳捕集与碳封存是碳循环最终的环节。这个产业的空间巨大，不过需要的投入也比较高，目前处在起步阶段。

由此不难发现，由低碳经济引发的商机相当广泛，包括风能开发、核能开发、智能电网建设、物联网建设、新能源电池产业等新兴产业领域，可谓前景广阔。当然，想要铺起一张庞大的低碳网，对于资金投入的要求当然不容小觑，有理由相信民间资本将成为主力军。在为民间资本提供商机的同时，也为社会的可持续发展添砖加瓦。

6. 中国的下一个经济热点是什么

 【热点概念解读】经济热点

所谓经济热点,即经济发展中面临的核心问题。近年来,我们中国百姓最关注的经济热点问题无非以下几个方面:调控房价、稳定物价、汇率问题、调整经济发展方式等。每一个经济热点的背后都是社会矛盾的集中体现。而无论是调控房价、稳定物价,还是调整经济发展方式都涉及每个公民的切身利益。

 【政策分析】

党的"十二五"提出,接下来的五年要大力推行低碳经济,实现绿色发展。

1. 投资主导向消费主导的转型

消费是经济持续发展的内生动力,消费主导的发展模式更具稳定性和持久性。

(1) 投资—消费失衡是现行经济发展方式的突出矛盾。从投资和消费的关系来看,投资对经济增长的贡献长期高于消费。最近几年,消费的贡献率在逐步提升,尤其是 2008 年以来随着经济刺激政策的出台,消费的增长比较明显。但总体来看,消费还是一个逐年走低的趋势,其中主要的是居民消费率的下降。

(2) 未来 5 年左右要努力实现投资主导向消费主导的历史性转变。首先,从国际经验来看,在人均 GDP 达到 3000 美元的时候,投资出口对 GDP 的影响呈下降趋势,消费开始成为经济增长的主要动力。当前,我国的人均 GDP 在 3000—4000 美元之间,应当说正处在提升消费率的历史拐点。

(3) 要实现投资主导向消费主导的转变,关键取决于能不能推动相关政策和体制的创新。如果"十二五"时期,最终消费率、居民消费率都提高 5—10 个百分点,也就是居民消费率由现在的 49% 提高到 55% 左右,居民消费率由现在的 35% 恢复到 50% 左右的话,那么就会初步形成消费主导的基本格局。

2. 工业化主导向城市化主导的转型

城市是消费的主要载体,加快城市化进程是构建消费大国或者形成消费主导的战略性选择。"十二五"时期,我国正处在由工业化主导向城市化主导的转型和变革的重要阶段。总体上说,工业化处在一个调整提高的阶段,城市化将呈现快速发展的基本趋势。

(1) 城市化进程对发展方式转变会产生重要影响。改革开放 30 年,我国的城市化不仅滞后于工业化进程,也与同等发展水平的国家有一定的差距。从国际经验来看,一个国家人均 GDP 为 3000 美元时,城市化率大概在 55% 左右。2009 年我国人均 GDP 已超过 3000 美元,开始进入工业化的中后期,但城镇化率仅为 46%。由此,在一定程度上抑制了国内消费需求的释放和升级,导致内需不足和产能过剩。

(2) 未来 5 年,我国将形成城市化主导的新格局。也就是说,我国城市化率至少由现在的 46% 达到 50% 以上。要完成这一目标,最重要的一点是适应城市化时代需求进行第二次转型和改革,并且改变城乡二元制度安排,扫清中西部地区城市化过程中的障碍。

3. 中高碳经济向低碳经济的转型

低碳经济不仅是对现行发展方式转型的挑战,更是加快发展方式转变的重要历史机遇;它不仅涉及节能减排的技术创新,更是以破解结构性

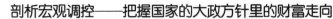
矛盾为核心的制度变革；它不仅是一场环境革命，更是一场深刻的经济社会革命。

4.增长方式由政府主导向市场主导的转型

以GDP为核心目标的经济增长与政府主导型的经济增长有内在的联系，并形成政府追求经济总量扩张的相关机制与政策。在社会矛盾的处理中往往倾向于为GDP增长让路。这样，改变GDP为主要目标的增长方式，不能不改变政府主导型的增长方式。"十二五"时期，政府转型将成为我国发展方式转变的关键和重点。

政府转型具有深刻性和复杂性。从现实情况看，政府的职责划分和政府的自身利益直接联系在一起。由于现行的财税体制、干部选拔机制等综合性因素，使部门利益、地方利益开始形成并具普遍性。为此，改变政府主导型的增长方式和改变政府自身的利益倾向紧密地联系在一起。"十一五"规划强调行政管理体制改革是改革的关键和重点。这几年行政体制改革有所进展，但是总体上没有大的突破，甚至在有些方面矛盾问题更为突出。要改变政府主导型的增长方式，重要的是在"十二五"时期加快推动以政府转型为主线的行政体制改革。

【政策引导】

从实践看，发展方式的转变必然伴随着一场深刻、广泛的理念变革。如果理念不转变，很难制定出一个好的规划，就算有好的规划也很难执行好。

1.由"经济增长"向"经济发展"的理念转变

从实践看，增长主义的突出特点是：以政府为主导、以国有经济为主体、以重化工业为载体、以资源环境为代价、以投资出口为驱动，建立在低成本优势上的投资主导型的经济增长方式。事实上，经济增长不能解决发展的全部问题。发展除了增长这一要素外，至少还包括结构、分配、就业和环境这四个要素。现在提出来要终结以 GDP 为中心的增长主义，就是因为它难以实现公平与可持续发展的基本目标。

2. 由"国富优先"向"民富优先"的理念转变

国富、民富都十分重要。问题在于长期实行国富优先的增长会使国家生产力优先并快于民众消费能力增长，导致社会总需求不足。中低收入群体消费能力、消费倾向引起社会总需求不足。在这种情况下，经济发展缺乏内生动力，并导致收入差距的不断扩大。在发展的新阶段"民富优先"有利于实现"民富国强"的大目标。

3. 由"做大蛋糕"向"分好蛋糕"的理念转变

作为一个发展中的大国，"做大蛋糕"将是我国中长期经济发展的目标。当前，"做大蛋糕"的约束条件发生了重要变化。30 年前，"做大蛋糕"面临的主要问题是要素短缺，尤其是资本短缺。当前，"做大蛋糕"仍然有资本等生产要素的需求。从现实看，从中长期趋势看，从社会因素对经济发展的影响看，能否"分好蛋糕"成为"做大蛋糕"的主要约束条件。我国已进入"不分好蛋糕就做不大蛋糕"的关键阶段。

4. 国有资本由"盈利性"向"公益性"理念的转变

"国进民退"成为当前社会各方面普遍关注的焦点问题。问题在于，国有资本往哪进？第一，在国有资本的形成上，过去主要依靠做大做强国有企业；在市场经济条件下，国有资本的积累和扩大，国有企业仍有着特定作用，但需要更多地依靠社会力量和社会的经济活动，并使其逐步成为国有资本形成和扩大的重要来源。第二，在新阶段国有资本的定位上，国有资本应当更多地配置到公共领域，而不是市场领域，并且从一般市场领域中退出。为此，需要国有资本在盈利性、公益性之间做出平衡和选择。一方面，在市场主体基本形成的背景下，国有资本不应当也没有必要大量

配置在市场领域，与民争利；另一方面，在公共产品短缺的大背景下，国有资本应当强化其公益性。

7. 人民币汇率的变动究竟牵动了谁的神经

 【热点概念解读】人民币汇率

汇率亦称"外汇行市或汇价"。一国货币兑换另一国货币的比率，是以一种货币表示的另一种货币的价格。由于世界各国货币的名称不同，币值不一，所以一国货币对其他国家的货币要规定一个兑换率，即汇率。而人民币汇率就是人民币兑换另一国货币的比率。

2005年7月21日，人民银行突然宣布，经国务院批准，人民币汇率改为参考一篮子货币，汇率改为1美元兑8.11元人民币，变相升值2%，并且不再与美元挂钩。由此，新一阶段的人民币汇率改革拉开序幕。

2007年5月18日，中国人民银行发布公告称，自21日起，银行间即期外汇市场人民币兑美元交易价浮动幅度由3‰扩大至5‰。

2010年6月19日以来，人民币兑美元汇率已连续升值将近2%。9月21日，人民币汇率上升0.1%至一美元兑6.7079人民币，创造了1993年汇改以来的最高值。

2010年，美国国会众议院筹款委员会于当地时间9月15日开始举行为期两天的听证会，讨论人民币汇率问题，企图对人民币升值施压。外界普遍关注国会会否通过迫使人民币升值法案。美国财政部长蒂莫西·盖特纳在听证会上发言时表示，人民币依然被低估，不排除宣布中国为汇率操纵国的可能。

人民币汇率的波动似乎已经成为国际社会关注的焦点，各方为了寻求自身利益的最大化，以人民币汇率为突破口，将汇率问题推向风口浪尖。

【政策分析】

①一国货币能够升值，一般说明该国经济状况良好。因为在正常情况下，只有经济健康稳定地增长，货币才有可能升值。这种由经济状况良好带来的币值的稳中有升，对外资的吸引力是极大的。

②中国仍然有居高不下的外贸顺差和巨额的外汇储备，中国的经济增长仍然是世界范围内最有看点的风景，因此货币升值的长期趋势不会改变。

③有利于减轻外债还本付息压力，人民币汇率的上升，未偿还外债还本付息所需本币的数量相应减少，从而在一定程度上减轻了外债负担。

④人民币升值可以减轻通货膨胀压力，有效地冷却过热的宏观经济。由于人民币汇率低估，国际上大量热钱流入中国，引起经济过热、房地产泡沫扩大。而人民币升值正可以比较有效地解决这一问题。

⑤人民币升值也有利于产业升级和促进中国经济结构的改革，有利于产业向中西部贫困地区转移，有利于服务业与非贸易产业的发展。

当然，升值也并不都是有利的，它的弊端甚至大于有利之处。

①人民币升值的经济效应就相当于全面提高了出口商品的价格。其后果当然是抑制了出口，这显然是不利于经济发展的。

②人民币快速升值会削减外国直接投资。如果人民币升值，那就意味着外国投资者就得多支付相应额度的美元，其后果就是外资减少。

③将导致失业增加。在中国，出口约占GDP的30%。如果本币升值，出口企业必然亏损甚至倒闭，从而导致失业，进而增加社会不安定的隐患。

④将导致外债规模进一步扩大。随着人民币汇率的升值，将吸引大量资本流入中国资本市场，使我国的外债规模相应扩大。

⑤影响金融市场的稳定。资本市场上活跃的多为国际游资，这部分资金规模大、流动快、趋利性强，是造成金融市场动荡的潜在因素。在我国金融监管体系有待进一步健全、金融市场发展相对滞后的情况下，大量短期资本通过各种渠道，流入资本市场的逐利行为、易引发货币和金融危机，将对我国经济持续健康发展造成不利影响。

我国的货币汇率政策本是中国自己国家的金融与货币政策，属于主权范围内的事。但是，我们却不得不提到美国在这一过程中的干涉。美联储主席伯南克在短短几个月的时间推出了两轮量化宽松货币政策，将美元印钞机马力开到最大。美国自9月份启动印钞机以来，已印了超过9000亿美元的钞票，似乎给经济复苏乏力的美国经济打了一针"强心剂"。但是其对于国内经济的影响众说纷纭，而却因此酿成了全球性的货币泛滥，美元兑其他主要货币一路贬值。稀释美元的背后是美国的国际债务急剧缩水，外国的外汇也就因此而大幅缩水，但是以美元计价的国际大宗商品价格却急剧飙升。各国纷纷给自己的货币汇率政策性贬值以减小损失。但是，人民币由于国际国内压力却不贬反升，大量国际游资纷纷涌入中国，货币泛滥殃及的却是普通百姓，物价飞涨，通胀压力空前巨大。而以美国华尔街为代表的国际金融炒家却在这场汇率与货币政策风波中赚得盆满钵满。

【政策引导】

中国的人民币汇率问题为何牵动着美国高层的神经？不难发现，其实就是因为中国自改革开放以来经济增长太快，反之美国的经济增长缓慢，甚至由于"次贷危机"，经济出现了负增长。中国对美贸易顺差多，而美国由于对中国的出口施行高技术出口严格限制的政策而导致其出现逆差。因此，美国出现了失业率高达近10%，中下层老百姓生活水平下降，导致民怨沸腾，在中期选举中，执政的民主党大败的情况。而美国政府及某些议员，把美国自身的这些问题，竟一股脑地算在中国的人民币汇率上。似乎只要人民币按美国的要求升值20%—40%，美国的一切问题就会"烟消云散"了。于是，美国总统奥巴马及一些议员在2010年里一再拿人民币汇率说事，并对中国施压。美国财长盖特纳本来有一副讨人喜欢的俊朗面容。但只要是在一些场合谈到人民币汇率，特别是在国会作证时，他那俊朗的面容就立刻变得狰狞起来了，严厉得令人生"畏"。

尽管中国领导人一再说，中国的人民币汇率的改革是按着：主动性、渐进性、可控性的原则进行的，这是根据中国经济发展的实际情况决定的，无可非议。中国的对外贸易，特别是对美国的贸易，利润是很低的（仅为2%—5%），大头的利润都被包括美国大公司在内的外国公司拿走了。这一点点利润都是中国数以几千万计的打工仔、打工妹辛勤的劳作挣得的。因此，这些年来美国的民众才能享用物美价廉的中国商品。人民币不合理的升值将会导致中国的大量企业倒闭、农民工返乡，由此会出现社会动荡的严重后果。

显然，当前的局面已经说明，人民币汇率问题已经不再是仅仅中国人关心的话题了，在经济全球化的今天，汇率将成为贸易双方争论的焦点。丝毫的风吹草动都有可能引起一场暴风雨。

8. 在后金融危机时代下看国家间的财富规则

【新兴大国的腾飞和"超高速"发展】

美国高盛集团全球经济研究部主管、首席经济学家奥尼尔，在20世纪初就开始关注和研究中国、印度、俄罗斯和巴西经济的可能发展，并在

2003 年发表了《与"金砖四国"一起梦想——2050 年之路》研究报告，提出了"金砖四国"(BRICs) 的概念。"金砖四国"都是大国，尽管在这场历史罕见的金融危机中，俄罗斯经济严重衰退，巴西经济陷入零增长，但由于中印经济的拉动，"金砖四国"经济总和占全球 GDP 的比重还是由 2007 年的 13% 上升为 2009 年的 15%，成为一支不可忽视的国际力量，加速了南北经济格局的变化。继"金砖四国"之后，美国高盛集团于 2007 年推出了所谓"钻石十一国"概念（菲律宾、孟加拉、埃及、印尼、伊朗、韩国、墨西哥、尼日利亚、巴基斯坦、土耳其和越南），指出在 2004—2007 年 4 年间，十一国的经济增长率平均约为 5.9%，是欧洲国家平均增长率的两倍以上。根据日本"金砖四国"研究所的推算，从 2005—2050 年，西方七国集团的经济规模以美元计算，与现在相比最多扩大到 2.5 倍，"金砖四国"将扩大到 20 倍，而"展望五国"可能扩大到 28 倍。这虽然只是对未来的一种展望和一种预期，但从一个侧面反映了南北经济未来发展的变化趋势。

　　"金砖四国""钻石十一国"的成员被国际社会冠以新兴市场、新兴经济体和新兴工业国等称谓。何为新兴市场或新兴经济体？究竟有多少新兴市场或新兴经济体？现在尚没有明确的界定标准和准确的数字，但可以肯定的一点是新兴市场或新兴经济体现已遍布于亚洲、非洲、南美洲、东欧及中东各个角落，形成了"新兴经济群体"。新兴经济体属于发展中国家，因而发展中国家兴起与腾飞已经是一个不争的事实。每次大危机都会带来大变革，导致世界经济格局的调整与变化。这次起源于美国的经济危机和金融危机更是如此，美国的盎格鲁—撒克逊发展模式、美国的金融创新制度、美国推行的新自由主义及国际金融机构的作用等，都受到了广泛的质疑。美国匹兹堡 G20 峰会弱化了八国集团的作用，将包括 10 个新兴经济体的 G20 作为"国际经济合作的最重要论坛"和"世界经济新协调群体"，标志着主导世界经济的美、日、欧三强已无法单独解决全球性大问题，标志着影响力日益增长的大型新兴经济体，在全球经济体系中地位的提升和话语权的扩大，标志着世界经济格局发生了新的变化。

【新兴经济体和发展中国家仍具备持续发展的基础】

从各方面的预测考量，2009 年世界经济陷入二战后以来最为严重的经济衰退。尽管第二季度和第三季度，发达经济体的经济收缩幅度变小，但世界经济和发达经济体衰退的总趋势已成定局，不会出现逆转。在经济全球化作用下，发达国家金融危机和经济衰退迅速蔓延到发展中国家，使发展中国家受到拖累和影响，俄罗斯、巴西、墨西哥和南非等大型新兴经济体出现了不同程度的经济萎缩，然而，发展中国家作为一个整体，经济表现依然好于发达国家。据世界银行预测 2009 年发展中国家的 GDP 约增长 2.1%，与发达国家超过负 3% 的经济表现形成了鲜明的反差。

从当今实际情况分析，国际金融危机最坏时期已基本过去，世界经济开始触底反弹，其主要依据是恐慌指数（VIX 波动率指数）已降至 30% 以下，表明投资者对后市的恐慌程度开始降低；企业投资欲望开始增强，银行开始改变借贷政策；PMI 持续回升；消费者信心开始回暖；首次申请失业人数开始下降；股市反弹。上述六个经济触底指标虽已有所改善，但都只是初见端倪，此外，还存在着众多不确定因素，债务危机和银行倒闭事件时有发生。因此，世界经济复苏基础尚不稳固，经济复苏力度尚较为脆弱，世界经济和发达经济体不可能在短期内恢复到 2002—2007 年的增长水平，将会在低速增长甚至是衰退轨道上持续滑行两三年，亦即呈现"U 型"反转走势。如果各国特别是二十国集团能够真正"同舟共济"，把对金融的救助转向对实体经济的支持，排除持续增长的障碍，不轻易改变宏观政策，不向他国转嫁危机，那么 2010 年全球经济出现"双谷衰退"的概率不大,但个别国家在持续几个季度的复苏增长后,经济增速再度下行则是有可能的。

然而,在世界经济逆境中,新兴经济体和发展中国家以高于发达国家经济增速向前发展的态势并没有改变,其发展前景仍具有持续性,其主要依据:一是新兴经济体和发展中国家的消费市场需求庞大;二是新兴经济体和发展中国家拥有雄厚的外汇储备和国内储蓄;三是新兴经济体和发展中国家研发支出显著增长,高新技术产业正在逐步兴起;四是新兴经济体和发展中国家组建的新兴跨国公司,在世界 500 强中所占数目及市值日趋增加;五是新兴经济体和发展中国家积极推动签署双边和多边自由贸易协定,全球现有 209 个自由贸易区和自由贸易协定,区内贸易已占世界贸易额的 50%;六是新兴经济体和发展中国家的贸易发展指数,亦即将贸易盈余转变为本国社会经济发展的能力正在逐步增强;七是新兴经济体和发展中国家在全球贸易保护力度增强的形势下,相互之间的贸易激增。鉴于上述情况,2010 年发展中国家作为整体将以 5.1% 的速度增长,其中新兴经济体的经济增长率约为 6%,而发达国家仅约为 1.75%(国际货币基金组织的预测值为 1.3%),由此可见,新兴经济体追赶发达经济体的空间依然巨大,在全球经济中将发挥越来越重要的作用,这一趋势必将有助于世界经济格局及世界经济政治秩序的变革。

9. 从世界经济及国际规则看国际财富流向

WTO 国际贸易规则、国际气候谈判、国际金融体系格局、世界银行等一系列国际的关系准则条例以及国际组织几乎无一例外都是由富国制定和掌控的。富国之间为了自己的利益制定不公平的游戏规则，而穷国只能有默默接受的份儿，几乎不能发出任何自己的声音。

以国际金融格局的现状为例，美元作为国际上绝对的国际货币和最主要的储蓄货币，国际储蓄货币有几乎80%是以美元计价的，而购买美国国债几乎是包括中国在内的大部分发展中国家外汇储备的唯一流向。

作为储蓄资本，相对报酬率是决定超额储蓄导向投资去向的关键因素。实际上，连格林斯潘自己也承认，2005年美国对外投资2万亿美元的投资报酬率是11%，远高于美国支付给持有美国债券的外国人的利率。尤其在美国大幅降息后，除日本外，中国及其他亚洲国家利息远高于美国国债利息的情况下（所谓利差），投资美国有更高的报酬率的说法更站不住脚了。

其实，这正是美元武器的厉害之处，也是美元殖民战略的关键。在美元的金融霸权下，如果经常项目盈余国家不增加美元资产的外汇储备，就会遭到以美元为首的投机资本的攻击而导致本币崩溃。

这也正是美国的战略家们为什么千方百计要迫使其他国家放松外汇管制，允许资本自由流动的原因之所在。换言之，只要在资本自由流动下的投机资本的攻击的威胁存在，非美元经济体就不得不断地增加外汇储备，就不得不断地把外汇储备投向美国，换取美元形式的资产。

从另外一个角度讲，任何危机，包括战争的威胁，都会造成这样一个效果，就是美国是个相对安全的投资天堂，美元是世界储蓄的"避风港"。从过去的经验看，美国从没有在其本土发生过大规模的与外国的战争，经济局势相对维持在一个稳定增长的态势，造成相对较高的风险调整后预期报酬率，导致全球对美国资产之需求不成比例地上升。历史经验又强化了投资者的这一幻觉。因此，美国热衷于不断地创造危机，不断地利用危机，不断地驱赶美元流向美国。

这就造成这样一个局面：牢牢把握金融制高点的美国，不断地发行美元，亚洲等新兴经济体不断地生产商品供应美国以换取美元盈余，再投资到美国，为美国的经常项目赤字融资。美国实际上就成了最终贷款人和最终消费者。这就是所谓的"穷国养活富国"的现象。

亚洲国家、石油净输出国家和拉丁美洲的新兴国家，无一例外地成为美国融资的输血者，成为美元殖民战略的牺牲者和美元的祭品。

再者，持有巨额美元外汇储备，还得承受美元贬值的剥削。面对日益增长的外债及其利息的支付，美国先天性地倾向会增发美元，使其贬值，以使其外债缩水以降低偿债成本，这是储备国家暗亏。如果储备国家大规模抛售美国国债，又会导致其贬值，从而变成明亏。这就是目前美元储备最多的中国政府的"两难"。2万亿美元的外汇储备变成了烫手山芋，还姑且不论这2万亿美元的外汇储备所造成的高能货币效用，给国内造成的流动性过剩和通货膨胀预期。

总而言之，美元向亚洲的输出和美元向美国的回流，本质上就是美国洗劫亚洲财富的过程，美元是刀，是新的殖民剥削。美元的升值和贬值对亚洲国家的经济发展影响巨大，亚洲经济越来越成为美国的附属经济特征，越来越成为具备殖民地经济的特点。

1997年的亚洲金融危机没有向美国蔓延，而2008年的美国金融危机却能通过美元这个国际货币的流通媒介功能向亚洲传导，美元的输出，不仅输出了通胀，还输出了危机。

在当前的国际金融格局之下，即使穷国清楚这样的现实也没有用，因为想改变这样的格局几乎是不太可能的。即使在国际货币基金组织和世界银行中，穷国的投票权得到了提升却依然没有撼动美国的绝对霸主地位。

西非加纳首都阿克拉，在繁忙拥挤的城市里穿梭，那些让人遐想的多汁多肉的鸡腿广告总是吸引无数人的眼球。广告上说："美国鸡，快、易烹饪，健康又好吃。"也正是这些广告令无数加纳农民无法忍受，因为他们正被进口急冻禽类产品挤出市场。

美国向加纳出口的家禽产品的价格大大低于加纳本国生产和出售的家禽产品价格。加纳国家家禽协会的会长肯·科迪说："我们认为，大量的美国家禽产品进入加纳是一种倾销的行为。"

西非另一个国家——塞内加尔的农民也面临同样的困境，而情况也几乎与加纳相同。一个贫穷的村民放弃家禽养殖生意，因为收支无法达到平衡。他说："如果我把钱用来买饲料喂鸡，那么我就没钱给我的孩子们买吃的。"

在这种压力下，西非的农民该怎么办呢？肯·科迪相信，能给世界贸易组织施加压力是唯一出路，而通向目标的唯一途径就是西非的国家联合起来一起向世贸组织表达意见。

究竟西非国家通过政府向世贸组织表达意见能产生多大影响，形成多大的震慑力呢？广东对外贸易经济合作厅进出口公平贸易局局长陈立鹏在接受记者采访时说："国际贸易过程中就没有绝对的公平！即使你是世贸的成员国，对某些问题有异议，但在表决的过程中，一些实力较强的国家和地区的意见总占上风，而一些不富裕的国家和地区即使能在会上表达自己的意见和看法，到最终还是会在一定程度上作出妥协和让步，其影响力微乎其微。"

正如《每日电讯报》发表的评论所言：为避免此轮会谈像坎昆会谈一样无果而终，各国部长象征性地达成了内容含糊的协议。一些发展中国家表示，该协议意味着发展中国家将越来越多地面临来自发达国家的竞争，但发达国家作出的让步却十分有限。

富国制定游戏规则，穷国默默忍受着不公，受冻挨饿的永远都是穷国。

财富就在这样的游戏规则下渐渐地流向了富国，即所谓的"富国更富，穷国更穷"。期待在世界格局逐步变化的今天，能够重新制定游戏规则，最重要的是能让穷国在指定的过程中发出他们的声音。那样，和谐世界的梦想将不再是空想。

【亚洲率先走向崛起】

亚洲地域面积约占世界陆地面积的 1/3，人口约占世界总人口的 3/5，堪称世界第一大洲，在世界经济发展史上有过自己的辉煌。1820 年，全球经济总量为 6950 亿美元，法国、英国、美国分别占 5.4%、5.2%、1.8%，而中国和印度则分别占 28.7% 和 16%。但是，伴随着工业革命，西方列强对亚洲进行了大规模的殖民扩张与侵略。然而，二战后，由于众多因素的综合作用，在亚洲率先涌现出一批跳跃式发展的国家和地区。20 世纪 60 年代和 70 年代，中国台湾、韩国、中国香港和新加坡大力发展外向型经济，相继起飞成"龙"，被国际社会誉为亚洲"新兴工业经济体"(NIES)；80 年代至 90 年代，马来西亚、泰国"准新兴工业经济体"以及印度尼西亚和菲律宾等也都在加速经济发展，以争取早日成为新兴工业国。尤其中国在 20 世纪 70 年代末、越南在 80 年代中、印度在 90 年代初开始的经济变革，促进了各自经济的腾飞，为东亚乃至亚洲的持续高速增长发挥了"拉动效应"。在 1997—2007 年的 10 年里，亚洲国家和地区克服了金融危机的负面影响，跃居为全球经济发展最快和最具活力的地区，亚洲新兴经济体的 GDP 年均增速超过 9%，对世界经济增长的贡献率愈益增大。日本《富士产经商报》在 2008 年 4 月 4 日的报道中指出，2007 年，中日韩、中国台湾、中国香港、东盟 10 国等亚洲主要国家和地区的名义生产总值达到 11.7 万亿美元，是 1980 年的 6 倍。中国和印度等新兴经济体业已替代日本成为亚洲经济发展的引擎，以日本为领头雁的"雁行模式"

早已不复存在。约翰·奈斯比特在《亚洲大趋势》一书中指出，150年来，西方享受了进步与繁荣，而亚洲却遭受贫困与饥饿。现在，亚洲正走上经济复兴的道路，这将使他们重新得到他们以前文明所拥有的辉煌和荣耀。

【世界经济格局开始转变】

新兴经济群体的崛起是世界经济格局变化的典型体现。正如世界银行行长佐利克所说，未来世界经济格局的一个鲜明特点是主要新兴经济体的崛起，在金融危机之前，这些经济体已经开始崛起，随后而至的危机则更加快了崛起的步伐。亚洲是"新兴世界的中心"，在世界经济回暖之际，亚洲经济回升的势头比世界任何其他地区都更加迅速和强劲。新加坡内阁资政李光耀说，中国和印度的经济增长支撑了亚洲的经济，即便是美国经济减速，亚洲也不会陷入经济衰退。英国《经济学家》预测新兴亚洲国家将呈现V型反转，未来5年内，年均国内生产总值增长率为7%—8%，其复苏速度是全球各国平均速度的3倍以上。因此，亚洲是世界经济增长的新源泉，世界经济发展重心正向亚洲转移。在亚洲的引领下，预计2020年左右，新兴经济体和发展中国家的经济总量将占全球GDP的50%。

由此我们可以得见，如今世界上最适合财富增长的地方，或者说，财富增长最快的地方在亚洲。通过对国际经济形势的分析，想获得财富的人不难发现，最适合投资的地域在哪里！